投资心态定盈亏

避免这8种投资心态，你就能成为10%的赢家！

马红漫 著

- 锚定效应
- 过度自信
- 损失厌恶
- 代表性偏差
- 以小博大
- 禀赋效应
- 羊群效应
- 有限注意力

天津出版传媒集团
天津科学技术出版社

图书在版编目（CIP）数据

投资心态定盈亏 / 马红漫著 . -- 天津：天津科学技术出版社，2023.8
ISBN 978-7-5742-1259-6

Ⅰ.①投… Ⅱ.①马… Ⅲ.①投资－经济心理学 Ⅳ.①F830.59

中国版本图书馆 CIP 数据核字 (2023) 第 096748 号

投资心态定盈亏
TOUZI XINTAI DING YINGKUI
责任编辑：吴文博

出	版：	天津出版传媒集团
		天津科学技术出版社
地	址：	天津市西康路35号
邮	编：	300051
电	话：	（022）23332390
网	址：	www.tjkjcbs.com.cn
发	行：	新华书店经销
印	刷：	河北中科印刷科技发展有限公司

开本 889×1194 1/32 印张 8.25 字数 150 000
2023 年 8 月第 1 版第 1 次印刷
定价：59.90 元

目录

001 序
对抗不确定性，
从了解自己的行为开始

第一部分 走近行为经济学

005 第1章
传统经济学的困局，
正是行为经济学的兴起

021 第2章
金融交易中的行为经济学

第二部分　了解人的非理性行为

039 第3章
锚定效应：
第一印象的重要性

055 第4章
代表性偏差：
追涨杀跌有多可怕

067 第5章
过度自信：
偏见与傲慢的始作俑者

079 第6章
损失厌恶：
沉没成本的陷阱

091 第7章
有限注意力：
专注度决定了你的判断

105 第8章
以小博大：
彩票都有一种神奇的魔力

117　第 9 章
　　禀赋效应：
　　人倾向于喜欢已拥有的东西

129　第 10 章
　　近因效应：
　　老朋友的新面貌

第三部分　行为经济学的应用

143　第 11 章
　　杀死繁忙，
　　专注少数且高质量的操作

155　第 12 章
　　面对选择，
　　做大概率事件的投资

165　第 13 章
　　羊群效应：
　　如何避免从众心理

177　第 14 章
　　马太效应：
　　摆脱魔咒，从当下开始

187 第 15 章
心理账户：
情商比智商更重要吗

199 第 16 章
能力圈：
边界、坚守和突破

209 第 17 章
市场先生：
最好的老师

219 第 18 章
从行为经济学角度看泡沫的背后

第四部分　行为经济学的前沿启示

235 第 19 章
相对论的真相：
人们为什么总是爱比较

247 第 20 章
遗传和环境的博弈

序
对抗不确定性，从了解自己的行为开始

马红漫
经济学博士，资深财经评论家

各位读者好，我是马红漫。这些年，我一直想开一门行为经济学相关的课程。2022年年初，我和团队将一套完整的行为经济学理论体系打磨成短视频课程，在网络端播出后受到很多关注。现在，我们又倾注更多精力将内容升级成书籍，更深层地剖析行为经济学对人们的投资行为，甚至对整个社会会产生哪些影响。

首先，行为经济学到底是什么？过去传统经济学在形成严密且自洽的知识体系时，几乎是把人类假设成了"理性人"。而现实世界中，其实不可能存在100%的理性人。我们很多的行为，都是掺杂着感性的因素，非理性的行为偏好始终伴随着我们的行为决策。行为经济学就是把理论分析与经济运行规律、心理活动与经济科学有机结合起来，对传统经济学赋予现实意义并起到补

充认知的作用。

其次，普通人需要学习行为经济学吗？回答是肯定的。非理性行为在我们日常的投资决策中如影随形。说到底，投资市场最难的不是学习投资理念和方法，而是管控人性，做到不贪婪、不恐慌。那么你真的了解自己的行为吗？怎么去摆脱这些烦人的"念头"？我想通过行为经济学这门课，将自己一路走来的经验分享给你。

最后，我们怎么学行为经济学？本书内容将会分为四个模块：第一部分，我会带大家了解行为经济学的概念和框架，以及与传统经济学的差异等；第二部分，我会将行为经济学的知识点与实际案例相结合，分析非理性行为，撕开认知假象；第三部分是解决之道，告诉大家正确的方法论；第四部分是关于行为经济学的前沿启示，这部分可能更偏向哲学、前沿科学等，给大家带来开放和深远的思考。

如果你在投资路上时不时会因为过度自信发生判断失误，或是习惯倾向羊群效应人云亦云……那就请你和我一起探索投资与人性之间的微妙关系，洞悉经济活动的底层逻辑！

第一部分

走近行为经济学

第1章
传统经济学的困局，正是行为经济学的兴起

传统经济学的不足和局限，并不是我们抛弃经济学"另起炉灶"的理由，而是我们可以通过推动包括行为经济学在内的经济学新兴领域来弥补这些不足，更好地帮助自己理解和指导现实的动因。

投资者不管是不是经济学方面的专业人士，多少都会对行为经济学有所了解。迄今为止，光是诺贝尔经济学奖，就先后三次颁给了行为经济学的研究学者，分别如下。

2002年获得诺贝尔经济学奖的是行为经济学奠基者丹尼尔·卡尼曼（Daniel Kahneman）。他和已故学者特沃斯基（Tversky）共同提出的前景理论（Prospect Theory），奠定了行为经济学研究基础。

2013年获得诺贝尔经济学奖者三人中有罗伯特·席勒（Robert J. Shiller）。他提出的非理性分析理论框架以及著作《非理性繁荣》，成功预言了美国互联网、股市以及楼市领域的三大泡沫。

2017年获得诺贝尔经济学奖的是理查德·塞勒（Richard Thaler）。他的重要理论贡献在于提出了著名的心理账户理论。在这个过程中，行为经济学逐渐进入大众视野，互联网上有很多对于行为经济学的讨论和报道。越来越多的人对行为经济学感兴趣。

一、行为经济学的概念

首先,行为经济学的定义是什么?作为一门实用的经济学,它将行为分析理论与经济运行规律、心理学与经济科学有机结合起来,发现现今传统经济学模型中的错误或遗漏,从而优化主流经济学关于人的理性、自利、完全信息、效用最大化及偏好一致等基本假设的不足。

表1-1 行为经济学的定义

行为经济学的广义与狭义定义	
狭义	心理学与经济科学有机结合的产物
广义 (五类要素引入分析框架)	认知不协调 - C-D gap
	身份 - 社会地位
	人格 - 情绪定势
	个性 - 偏好演化
	情境理性与局部知识

现在对行为经济学的研究,几乎都绕不开"前景理论"。丹尼尔·卡尼曼在原有的经济学理论上,解释了在不同风险的预期条件下,人们的行为偏好是可以预测的。

人们做决策时的价值函数[1]满足

$$\Delta U = \sum_i v(x_i - r) w(p_i) / \sum_i w(p_i)$$

这里 x_i 为第 i 种可能的收益，p_i 为发生的概率，r 表示参考点（reference point），v 为价值函数（value function），w 为概率比重函数（probability weighting function）。价值函数曲线 $v(x)$ 会穿过参考点 $(r, 0)$ 并形成一个 S 形曲线，如图 1-1 所示。概率比重函数 $w(p)$ 一般取作 $w(p) = p\alpha$，$0 < \alpha \leq 1$，反映人对小概率的"过敏"程度。

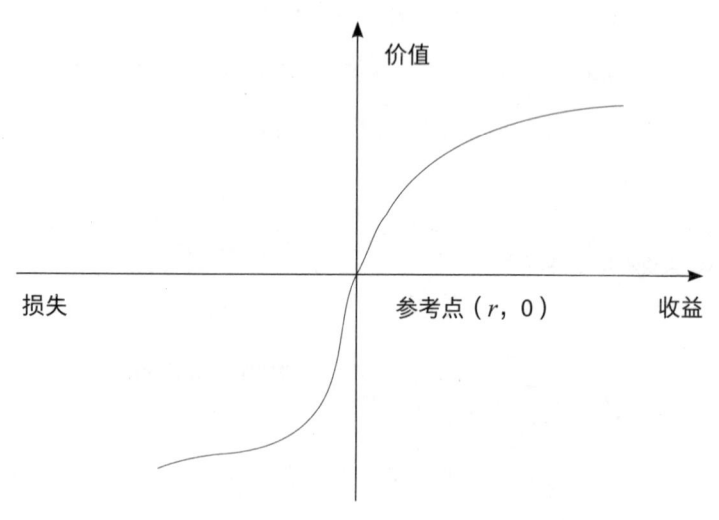

图 1-1　价值函数曲线

1　资料来源：前景理论 [Prospect Theory（1979）]

价值曲线 $v(x)$ 的不对称性表明,一个损失结果减少价值的绝对值大于获利结果增加的绝对值,也就是人有损失厌恶性。这一点在期望效用理论中也能做到。二者的主要区别是前景理论中的 ΔU 是依赖参考点 r 的,而不是考虑绝对所得,所以人不是理性的。

前景理论总结起来主要有以下几点。

确定性效应:在确定的收益和冒险之间,选择确定的收益。

反射效应:在确定的损失和冒险之间,选择冒险。

损失规避:对损失和获得的敏感程度不同,面对损失的痛苦感要大大超过面对获得的快乐感。

小概率事件:即使小概率事件很少发生,很多人还是热衷于买彩票、买保险。

参照依赖:对决策结果的评价,是通过计算该结果相对某一个参考点的变化而完成的。人们看的不是最终的结果,而是看最终结果与参考点之间的差额。

由前景理论即可得出人有三个行为偏好:

大多数人在面临获利的时候是风险规避的;

大多数人在面临损失的时候是风险喜好的;

大多数人对得失的判断根据参考点决定。

综上所述,人在面对获利时,多会选择确定的收益而不愿冒险；在面对损失时，多会选择冒险。而损失和获利是依赖参考点而言的，改变评价事物时的参考点，就会改变投资者对风险的态度。

二、行为经济学的历史和由来

那行为经济学是不是最近才兴起的一门学科呢？显然不是。

其实在经济学发展的初期，经济学家亚当·斯密（Adam Smith）在1776年出版的《国富论》中就分析了经济发展和人类行为偏好之间的联系。

在更早的一部著作——1759年出版的《道德情操论》中，亚当·斯密就已经对人们的非理性决策和行为偏好进行了研究，这与现代经济学家的某些论点不谋而合。

到了20世纪，新古典经济学兴起，形成了理性人假设、经济学数学化的研究体系。与此同时，行为经济学虽然也在萌芽阶段，但因为它背离了"理性人"的假设遭到传统经济学的忽视，发展一直比较缓慢。

2008年的全球金融危机，被视为行为经济学发展的转折点。人们疑惑"为什么主流经济学家没有预测到金融危机？人们行为中非理性的因素会影响我们在金融交易上的决策吗？"行为经济学作为传统经济学的一个拓展补充，结合实际案例，带给人们全新的视角和理念,来帮助我们更好地理解和总结在金融市场中发生的事情。

进入智能时代后,我们对行为经济学的未来发展保持乐观。因为大数据技术让我们对人类的行为痕迹有了更多规律性的判断,比如投资偏好、关注的投资板块、常浏览的新闻网页,都有了智能化的标签。数据会比我们更了解自己,行为经济学或许能在智能时代实现飞跃式发展。

三、传统经济学与行为经济学的联系和区别

本章的一个重要的知识点,就是传统经济学和行为经济学之间的联系和区别。主要在于两个点,一个是"理性人与非理性人",另一个是"绝对与相对"。

【问答】什么是"理性人假设"?这一理论的核心观点认为人(　　)

A. 追求经济利益的最大化

B. 追求自我利益的最大化

C. 没有利他心

D. 追求经济利益和社会利益的最大化

答案是 B。

理性人就是一切行为的目标为个人利益最大化的人。理论上来说这一定义并没有什么问题，因为从经济学角度出发，在投资市场中，我们是为了实现个人利益最大化，也就是赚钱。现实中，我们又会遇到什么问题呢？

比如家里有两个孩子，妈妈给了小明100元，让他自己出个分钱的方案，奖励给自己和哥哥。如果小明是绝对理性的，那他应该怎么分，是不是99∶1，自己拿99元，哥哥拿1元，来实现个人利益最大化吗？但现实中往往是5∶5，很多情感因素影响着我们的行为。这么一解释，大家对经济学中的"理性人"假设会有更直观的了解。

什么是"非理性行为"？从广义上来说，就是脑子里思考的东西和实际的行为不一致。现实生活中很多想法、观念都是相对的，但是在传统的理性经济学里研究的都是绝对的，没有研究相对的东西。而现实中，相对的东西对你的影响比绝对的东西会更大。

落到狭义上，总结来看有以下几点的行为偏误。

表1-2 传统经济学与行为经济学

传统经济学的假设	行为经济学的假设
只在乎自己的绝对收益	参考点比较、损失厌恶
计划与执行一致	执行偏离计划 ——过度消费、拖延症、自我控制问题
只关注自己的利益	复杂的社会性偏好 ——利他、报复、愧疚、互惠、敌对、信任
对概率事件准确判断	概率判断偏误 ——过度自信、热手谬误、赌徒谬误等

传统经济学认为，人只在乎自己的绝对收益，也就是说，财富越多人的幸福感越强。那现实生活中是这样吗？未必如此。而行为经济学的分析会把这个问题拆解得更加结构化。人有钱会幸福吗？答案其实是相对的，人会和参考点比较，会和过去的自己比较，和大学的同学比较，和以前的同事比较，和社会上的同龄人比较。有了一个相对的参照物作为标准，我们才会基于此做出一些行为判断。比如上市公司A，相较于去年、相较于同行业其他公司，股价已经在高位了（而不是说它在一个绝对高位），所以投资者可能会做出减仓行为。

再做个假设，比如这个月公司业绩不错，老板奖励你一万元，在没有参照物比较时，你拿到钱后肯定会很高兴；如果这时候你得知坐在旁边的同事，天天上班迟到、偷懒，老板还奖励了他一万五千元，通过这样的参照物比较，你肯定会感到失望。这就是"参考点比较",间接否定了传统经济学中只在乎自己绝对利益的观点。

还有一点是"执行偏离计划"。在传统经济学理论中,基于"人的行为和思考是完全一致的"来做后续的判断,但实际情况往往并非如此。我们可以做个小实验,每年年初的时候为自己列一张新年愿望清单,比如今年收入达到50万元、投资收益超20%、读100本书等目标。到了年底时,我们再翻开"愿望清单"看看,完成了几项、没完成几项、部分完成几项,都是出于哪些原因;在执行的过程中,碰到了哪些主观或客观的原因。

同时,大家也可以研究一下,这些愿望清单中,真正对你有价值、有进步作用的有几项?生活中我们一直在物质和精神层面寻找平衡,而非传统经济学中所说的完全理性。

"只关注自己的利益"在传统经济学理论中是完全合理的,但在现实生活中很少有人能真的做到"只关注自己的利益"。因为我们生活在一个社会环境中,我们需要朋友、伙伴、人际交往的圈子。在复杂的社会关系中,我们往往会给不同的人物标注上不同的符号。比如家人在医院做手术,医生很尽责,手术很成功,整个康复很顺利,那你自然会对医生抱有感恩之情。这不是物质的回馈,更多的是一种情感表达。这是人类情感中非常正常的一种表达方式。

人是全局性的动物,通过"利他"互相帮助,互惠共赢,才能在社会上生存下去,可持续地"利己"。电影《长津湖》中讲述的革命先烈,在当时极度艰苦的环境下,为保卫祖国牺牲自己的生命,这也是一种"利他"的互助行为。这些都是传统经济学所无法解释的。

对概率事件的判断,存在许多复杂的因素。我们在做决策的时候,往往会对事情发生的概率产生误判,或者说,内心给予一件事情的权重并不等于它的实际概率,最终导致决策错误。

假设投资一个项目,40%的概率能赚钱,60%的概率会亏钱,那这个项目还值不值得投资呢?

从正常角度看,我们评估概率到决策时的权重是1∶1线性转换的,假设投资标的为100万元,根据计算结果得出,$100×0.4-100×0.6=-20$。结果为负,显然应该拒绝投资。

然而,行为经济学认为,人们对于概率权重到决策权重的转化是非线性的。也就说,当你做决策时,是非理性的,你内心给予的权重并不等于它的实际概率。

电影《流浪地球》中有一句台词:"让人类永远保持理智,的确是一种奢求。"我们在做判断和决策时,会被各种因素干扰,我们以为自己思虑得足够周全,想当然地认为自己的分析很有道理,但实际上它们并不能那么理智。

【问答】假设在一个抛硬币的游戏中,你已经连续抛了10次硬币,这10次都是正面朝上,那么下一次,你认为硬币是正面朝上还是反面朝上呢?(　　)

A. 正面

B. 反面

C. 正面和反面的概率相同

正确的答案是C。

因为每次抛硬币的结果都是各自独立的,不管你前面是什么,都不影响后面。

但是当我们真的在生活中做出类似的选择时,就会有倾向性,前面10次都朝上的结果会给你带来影响。

如果你选择A选项,那你就是受到了热手谬误的影响,热手谬误又叫作正近因效应。在球场上我们常常会见到这个现象:如果某个球员今天投篮连续命中,那球迷们和球员都会相信他今天"手感很好"。

假设你选择B选项,那你就是受到了赌徒谬误的影响,赌徒谬误又称负近因效应。之所以叫这个名字,是因为它的作用在赌徒身上展现得淋漓尽致。赌徒们在赌局上连续输了很多次之后,总会说"我下一盘肯定会赢,我不可能一直输下去"。但实际上你下一场是输是赢并不受前面的影响,在没有外界因素的干扰下，它们是完全独立的。所以，人们在决策过程中，容易被局部的确定性判断所影响，从而忽视了整个决策链条的长度和风险。

四、行为经济学和传统经济学，从竞争到互适

我们在前面说过，行为经济学对于传统经济学来说，是补充和拓展的关系。那么它们从一开始就是和谐的吗？答案显然是否定的。在20世纪前期，西方广为流传的还是传统经济学。传统经济学一直将其理论建立在一系列严格的假设基础之上，成了精密的分析科学，具有完美的表达，得出确定的结论和规律。但是，随着经济从大批量规模化确定性生产，向体验式个性化的过渡，传统经济学越来越难以解释实际经济生活中的许许多多"非物质动机"或"非经济动机"行为，坚实的理论内核也受到各种新兴理论的质疑和挑战，行为经济学就是其中一个。

经济学是一门研究财富的学问，同时也是一门研究人的学问。我们可以理解为，心理学与经济学之间早就存在着天然的联系与渊源。众所周知，心理学是一门研究人的心理与行为的科学。经济学的产生是始于人类为了更快、更多地获得物质财富的欲望与实践，而欲望要通过人来实现。

尽管行为经济学目前还没有形成统一的理论体系，研究的重点还是对市场异常和认知偏差进行描述与观察，但可以肯定的

是,行为经济学将是未来经济学发展的方向。在全球经济日趋社会化、一体化发展的今天,人们的经济行为越来越受到来自社会制度、历史文化传统及人与人的相互关系等各种非经济因素的制约,人们的心理动机变得越来越复杂化。这种情况更需要经济学家从实际出发研究人的复杂心理动机和经济行为,而贴近现实的行为分析将成为经济分析的主流。

 **小结**

- 行为经济学基于一个更现实的人类行为和心理模型,为经济学理论和分析提供了一个新的视角。
- 前景理论提出了人们在面对获得和损失时,表现出不同的敏感程度,大多数人对得失的判断往往是根据参考点来决定的。
- 行为经济学对传统经济学的三个挑战:

  1. 有限的理性——感性的、自我的因素还是会伴随着我们的投资决策;
  2. 有限的自我控制——时间管理、目标管理在执行中往往存在结果和预期的差距;
  3. 有限的利己主义——真正优秀的人,都懂得通过"利他"来成就自己。

相关人物

亚当·斯密
Adam Smith

亚当·斯密，英国经济学家、哲学家、作家，经济学的主要创立者。亚当·斯密是现代资本主义经济制度的创立者，强调自由市场、自由贸易以及劳动分工，被誉为"经济学之父"。

他因两部巨著而广为人知：《国富论》(1776)以及《道德情操论》(1759)。《国富论》提出的经济自由主义理论，奠定了资本主义自由经济的理论基础和商品经济运行的原则。

他确定了经济研究的三大核心要素，即劳动、土地和资本。所有商品的生产都和人的劳动有关，土地在经济行为中有一个固定增值，而资本是和土地、劳动一样的生产要素。

亚当·斯密认为商品流通的背后，不是由某个人或某一阶层说了算，而是存在着一只看不见的手在推动整个商业行为的发展。这只手就是"市场的力量"。一个好的经济制度必定是每个人都愿意投身于财富的创造中，并能在客观上推动社会的进步。

而企业运营效率提高最核心的秘密是：专业分工理论。直到1908年，分工理论才真正运用于汽车行业。福特汽车的生产线，正是使用了专业分工理论，生产效率才得到提高。

《国富论》的出版标志着古典政治经济学理论体系的建立，该书至今仍被广泛传阅，堪称西方经济学界的"圣经"。

第 2 章
金融交易中的行为经济学

> 在金融交易中,投资追求的是"双赢"发展路径,而投机则是利用风险的同时,创造了更多的经济不确定性。而透过短期的危机,我们应该看到背后更健康的力量。

【问答】假设你是月收入3000元的上班族，但你看到了一个5万元的物品，觉得很喜欢，这时候你会怎么做？（　　）

A. 信用卡消费

B. 等存够了钱再买

C. 咬一咬牙，不买了

选择答案A的人，属于乐观型消费者，选择B的人属于中性消费者，而选择C的人属于理智型消费者。正因为在现实社会中，人类有限的理性、有限的自我控制和有限的利己主义，导致市场交易中出现很多复杂的现象，传统经济学的理论不足以去解释这些。本章内容中，我们会为大家带来多个金融交易场景的故事和案例，告诉大家怎么去正确理解金融交易中的行为经济学。

一、"南海泡沫"事件中折射出的行为偏误

【提问】人们在投资中,喜欢追逐高风险,还是回避高风险呢?

答案:人们喜欢一面追逐高风险,一面回避高风险。

实际上,人就是非常复杂的动物。我们期待着高风险所带来的高收益,同时又喜欢在自己的舒适圈,回避一些冒险的抉择。

先说一个典型案例,那就是牛顿的"南海泡沫"事件。牛顿是非常伟大的科学家、物理学家,发现了万有引力定律、牛顿运动定律。

【提问】牛顿在投资市场上就一定稳赚不赔吗?

答案:牛顿在经历过反复的内心活动和挣扎后,仍然赔得倾家荡产。

历史上著名的"南海泡沫"事件发生在1720年的春天到秋天,在英国掀起了一场投资狂潮,引发了股价从暴涨到暴跌。混乱的背后,也折射出人性的贪婪。南海公司说白了就是一家从事从西班牙贩卖黑奴到美洲勾当的公司,之后又转而投身金融业。

南海公司的老板甚至教唆当时的英国国王乔治一世任公司董

事长,在民间信用大增,并提出承包全部国债的计划。为了更快搜罗资金实现"债转股",南海公司大量发行股票。从英国王室到科学家牛顿,很多人都被套了进去。

1719年至1722年,随着资本主义投机市场的形成,南海公司的股票价格走势大起大落。在1720年的前三个月,南海公司的股票价格提高到两倍多,从128英镑上涨到300英镑。4月初,市场停滞了,因为它吸收了前两次的认购款项。4月中旬,又降到280英镑以下,然后又反弹到约340英镑。这一价格一直保持到5月的第三个星期,当公布年金领有者转换条款时,它又迅速上涨,首先上涨到400英镑(5月20日),然后又上涨到500英镑(5月29日),5月31日接近600英镑。这一直线上升趋势一直持续到6月,6月2日股票价格突破700英镑大关,6月4日又增长到800英镑,6周内它上涨了125个百分点[1]。

在超高的利润诱惑之下,四面八方的投机分子蜂拥而至。很多人都知道,南海公司的股价已经脱离了正常的市场轨道,但是唾手可得的暴利让他们还是选择了"赌一把"。

就连英国当时的国王也禁不住诱惑,认购了价值10万英镑的股票,半数以上的参众议员也参与其中。由于购买踊跃,股票供不应求,公司股票价格狂飙。从1月的每股128英镑上升到7月的每股1000英镑以上,6个月涨幅接近700%。

---

[1] 内容摘自理查德·戴尔(Richard S. Dale)的 *The First Crash: Lessons from the South Sea Bubble*。

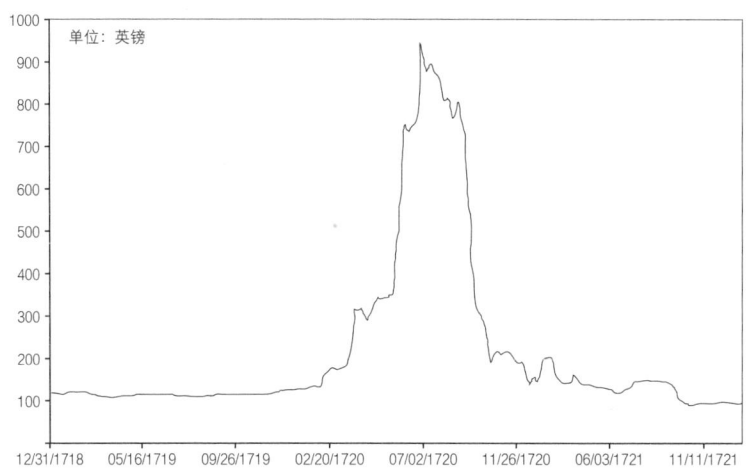

图2-1　1718年—1721年南海公司股价走势图

1720年6月,为了制止各类"泡沫公司"的膨胀,英国国会通过了《泡沫法案》。自此,许多公司被解散,公众开始清醒过来。对一些公司的怀疑逐渐扩展到南海公司身上。从7月开始,外国投资者首先抛售南海股票,英国国内投资者纷纷跟进,南海股价很快一落千丈,9月跌至每股175英镑,12月跌至每股124英镑。"南海泡沫"由此破灭。1720年年底,政府对南海公司的资产进行清理,发现其实际资本已所剩无几,那些高价买进南海股票的投资者遭受了巨大损失。

牛顿一开始就觉得南海计划是个泡沫,先投资了7000英镑,获得翻番的利润后就卖掉股票抽身。但是他抛掉后南海公司的股价还在疯涨,他身边的朋友们也都在赚钱。在这种诱惑下,大科学家牛顿转身回来二度买入。结果不到3个月的时间,南海泡沫破灭,牛顿最终亏损了2万英镑,相当于他当科学家半辈子的工资。最后他只得感叹"我能计算出天体运行的规律,但却无法预知人类的疯狂"。

二、"南海泡沫"事件中折射出的行为经济学知识点

1. 牛顿效应

后来牛顿和南海公司的故事越传越广,人们都把这种盲目投资的现象称为"牛顿效应"。牛顿是伟大的物理学家,奠定了经典力学、万有引力的理论基础,却也成了投资界经典的反面教材。其实任何一个盲目的投资者进入投资领域都是这么个过程:先是小资金尝试,赚着赚着,利润就变成了信心,然后加大资金量,忽然来了一次亏损,结果抹掉了前面所有的盈利。

2. 羊群效应

羊群效应的特点是,视野宽广的领头羊往有草的地方走,后面的羊越跟越多。糟糕的是,草吃完就没了,一时半会儿还长不出来,但后面的羊却不知道。在投资中,不少人都犯了同样的错误。盲目跟风并不能带来等额的收益,很容易买在"山顶",既

不利于金融市场的稳定，也不利于个人投资的收益。

3. 代表性偏差

在金融市场，代表性偏差很常见。在牛顿这个故事中，大家看到南海公司股票不断上涨，那就赶紧买！现在市场上其实也是如此，你看到某位基金经理去年业绩很好，就跟着他的基金标的进行买卖。但你有没有深度研究过，衡量一个基金经理的业绩好坏，至少要看他穿越一个完整牛、熊市的业绩。单看一两年的业绩情况，有许多偶然因素的存在。这也警诫我们，无论是看待一只股票还是一家公司，都要相信"长期主义"，一时的涨跌并不能代表这家企业的好坏，需要通过很多的业绩指标综合起来，判断其价值。

4. 风险共担

投资的本质在于对称的风险。鉴别到市场出现泡沫化的特征后，买卖双方必须保证双方平衡的利益，不能一方享受确定性的结果，而另一方承担不确定性的结果。当年的南海公司，很多投资者都是在根本不了解其经营业务的情况下，就入手了股票。如今的证券市场在合规、信息披露方面更加严格规范，卖方必须向买方披露真实可信的公司决策、财务状况信息；买方也可形成一定规模的战略同盟，也就是说股票市场投资者趋于成熟的过程，一定是从散户主导向机构投资者主导的过程。

5. 安全边际

安全边际指的是投资标的价值与价格相比被低估的程度。投资中的风险控制是根本所在，在当今的牛市、泡沫市中，行业龙头公司往往"汇集"了市场大部分的资金，形成过热的趋势，比如1719年年底的南海公司，而中小市值公司却受到冷落。最安全的策略并不是买入最瞩目、最亮眼的核心资产，而是买入当前具备安全边际、中等市值、估值合理、未来有希望成为核心资产的公司。

三、金融交易中行为经济学的玄机

看完了牛顿的故事后，我们再把目光放到现实生活中来。

【提问】人一旦出现了决策偏误，市场就会马上纠正这种偏误吗？

答案：否。

为什么呢？传统经济学认为，经验会降低偏误，市场竞争也会让人变得越来越理性，而且非理性的人会在市场上无法存活下去，但事实上，这种说法不一定完全准确。首先，我们在一生中，一些重大的投资行为是不可能高频发生的，比如买房、买车、移民等，我们第一次决策时所发生的偏误往往影响我们后面的行为。其次，市场上永远有新人涌入，能够纠正他们非理性行为的工具其实很少，甚至没有。可以说，市场非但没有纠正非理性行为的工具，有时甚至还会去利用它达到某种平衡。

请参考下表，判断与我们日常生活息息相关的金融交易——投资、消费、储蓄、借贷，都藏着哪些行为的偏误？或许你一直掉在行为的陷阱里而不自知。

表1-3　生活中的消费行为偏误

投资	谣言现象	听信"内部消息"
消费	有限注意力	打折诱惑、促销陷阱
储蓄	自杀式资产配置	大杠杆式买房
借贷	当前享乐倾向	提前消费背后套路多

1. 投资

股票市场上经常会出现这种有趣的"谣言现象"。比如2022年年初的时候，股吧上一直在炒作："宁德时代跌出一个浦发银行！宁王不行啦！"谣言正是利用了股民急功近利的心态。人们为了获得利益，需要大量的信息来支撑自己的市场判断和投资决策。但由于信息无法充分、透明地供人们自由提取，这就为那些似是而非的"谣言"提供了滋生的土壤，只要有效信息匮乏或模糊，它们就会成为填充信息的"替代品"，被人们近乎本能地注意和接受。

社会心理学家奥尔波特（Gordon W. Allport）曾经用一个公式来表征谣言传播的强度：

$$R（谣言强度）= I（事件的重要性）\times A（事件的模糊性）\div C（公众识别力）$$

股市中的各种"事件"对股民而言显然是重要的；如果这些"事件"本身的有效信息不充分，那么"谣言"滋生和传播就难以避免。

换言之，"谣言满天飞"是一个成长中股市的基本特征。长期以来，大多数股民并不热衷于根据公告披露来选择个股，而是热衷于根据所谓的"内部消息"来选择个股。这样的情况你碰到过吗？你当时是怎样判断的？从监管机构到上市公司，都应及时公开信息，让谣言止于真相；而投资者应提高信息鉴别能力，让谣言止于智者。

2. 消费

再来看消费，陷阱就更多了。我们经常会看到一些店内促销活动，价格看上去非常让人心动——洗衣液买2送1，面包3件8折。听起来很划算，但事实上让本来只需掏20元的你花了50

元。类似的例子比比皆是，包括各种游乐园的季卡、年卡，航空公司的"周末随心飞"套餐，听起来是买了一张"无限畅玩"的通票，其实你的钱早早就被锁定在商家的钱包里了！以上例子，都是利用了人们的"有限注意力"心理。

"有限注意力"是心理学名词，用以刻画个体在认知过程中存在的缺陷。诺贝尔经济学奖获得者丹尼尔·卡尼曼提出"有限注意力"理论，强调了人在处理信息或执行多任务时的能力是有限的，因此注意力变成认知过程中的一种稀缺资源。人在面临多信息或多任务时，必须分配其有限的注意力，对某一事件投入更多的关注，势必意味着在另一个事件上注意力的下降。

我们都只是用有限的时间和有限的经历来处理某一件事。所以，即便今天把这些玄机告诉大家，可以预见，以后你还是会不自觉地掉入这种"有限注意力"的陷阱。

3. 储蓄

如果以传统经济学理性人的假设，一个家庭最理想的资产配置比例为40%投资，30%开销，20%储蓄，10%保险。但事实上，中国一半以上的家庭都在做"自杀式"的资产配置，买房用了200%的杠杆，直到退休都还要还房贷。其实这已经远远超出了经济学家研究的"房贷三一"定律，每月房贷金额以不超过家庭当月总收入的三分之一为宜。可现实中依然有那么多人前赴后继地加入买房大军。

从他们的角度来说，有错吗？没错！房子是安家之本，从中国人的传统思维来看，总不能居无定所租房住，还是要有个属于自己的家。这时候，人的感性就已经战胜了理性。

4. 借贷

最后来说说借贷。大家不要以为借贷离我们挺远，其实借贷这种提前消费的观念正在侵蚀年轻人的价值观。比如信用卡、花呗、借呗，用的时候一刷很爽，还款日到了就一筹莫展。现在很多购物平台都喜欢推出买手机6个月、12个月甚至24个月免息分期的政策，来刺激大众消费，这些政策非常符合年轻人当前享乐的价值观。这样的小心机，你是否甘愿掉进去呢？另外不少人发现，一些借贷平台的套路很多，往往是你花得越多，还款越多，往后放给你的额度也越多。一些年轻人的消费欲望被放大后，可能会出现还款不及时的情况。所以，没必要的消费欲望我们需要克制，一定要理性消费。

四、投资中应关注的核心要素

我们来具体看下有关投资方面的知识体系。金融市场的投资对人性的考验，尤其是对行为经济学的考验，远比我们其他正常的商品市场要严峻。换言之，金融市场会放大我们行为偏差中非理性的部分，我总结了以下六条理由。

- **金融市场的投资更加具有诱惑性。**哪怕今天的大盘暴跌，只要你压中了一只涨停股，这就意味着你一天的收益就能达到10%或以上。假设一年200多个交易日天天都压中涨停股，那五年之后身价就超过沃伦·巴菲特（Warren E. Buffett）了。这就是为什么股市虽然风险大，仍然有那么多人前仆后继，冲锋陷阵。

- **金融市场很难总结出有效的盈利规律。**我们说过，无论是从上市公司业绩、资金流还是从资本市场的长期运行来看，都有一定的规律。短期的市场波动，在物理学中叫作布朗运动，一个小分子不停地波动，没有人知道它会落到何处。但正因为它没有成熟的规律，才会有很多"股神"不断地摸索总结规律，在此过程中不断地有资金涌进股市。把错误的方法当成正确的经验，由此可能会产生更大的损失。

- **投资金融就是投资未来。**因为它是不确定的未来，所以人们会容易产生不切实际的想象，幻想一个月、一年以后会出现一些变化。比如经常有人说，在熊市中却不愿离开熊市。因为经常会有一些重要的信号，比如跌了十天、半个月了，突然有一天涨了8%，所有人都觉得行情要来了，一根阳线改变信仰。那么未来到底会不会来呢？股票市场的魅力正是在于无法度量，但只要你一直在江湖中，总会期待向好的方向变化。

- **金融市场充满着奇迹。**现实生活中不可能存在那么多奇迹，薪资、奖金基本上都有个固定的范围。但在股市中，会发生一些小概率事件。比如受到环境因素影响，医药股、口罩股都强势上涨；ST公司突然宣告资产重组，股价出现连续多次的涨停。这样的奇迹历史上是存在的。所以每个投资者，都希望自己是"奇迹"的获益者，这就会导致投资行为出现非理性的偏差。

● 金融市场的谣言猛于虎。金融市场是个纷繁复杂的市场，存在信息不透明的地方较多，因此出现一些负面消息时，市场上猜测和质疑声音就会出现。金融市场上的参与者或围观者，都有可能是信息的生产者和传播者。不排除有以"博眼球"为目的的人士；在一些事件中存在多方博弈，亦不排除部分人通过这样的方式从中牟利。一些股市的论坛更堪称"谣言大本营"，各种谣言传播、跟帖起哄，这就是股市和其他市场的巨大区别。

● 金融市场出现偏差，未必会被及时修正。在商店里，如果一瓶可乐明明卖3元，却标错成了30元，马上会被指出并改正。但是在股票市场，有些股票明显被低估了，但它就是不涨甚至跌得更低。而有些股票已经涨得很高了，还是会有人追涨买入，所以它还会继续涨。这就是金融市场非理性的地方，不会被及时修正，反而会延续下去。这对于做价值投资的人士来说，是一个很大的挑战。

小结

- 大多数人在利益面前无法做到绝对理智,即使大科学家牛顿也一样。
- 投资中的风险控制是根本所在,选择估值合理的潜力标的,好过跟风盲从。
- 股票投资中的谣言现象,是利用了信息的重要性和公众了解的匮乏,信息不透明、不对等给谣言滋生提供了土壤。
- 生活中的决策偏误无处不在,依赖于金钱、时间等关键变量,对你来说哪个更重要?
- 以上所讨论的行为偏误,应将选择、价值以及决策三者合为一体来分析。

相关人物

乔治·阿克洛夫
George A. Akerlof

美国著名经济学家，2001年诺贝尔经济学奖得主，美国加州大学伯克利分校经济学教授。他与美国经济学家约瑟夫·斯蒂格利茨（Joseph E. Stiglitz）、迈克尔·斯彭斯（A. Michael Spence）一同提出了信息不对称理论。

该理论指的是，在市场经济活动中，人们对相关信息的了解是有差异的。信息掌握充分的人，往往处于有利地位；信息掌握不充分的人，往往处于比较不利的地位。

他们认为，在市场中，卖方比买方更了解商品信息；信息掌握较多的一方，通过向信息匮乏的一方传递可靠信息来获利；信息不对称是市场经济的弊病，政府应该在市场体系中发挥强有力的作用。

这一理论使金融市场的很多现象得到了合理的解释：就业与失业、信贷配给、商品促销等等。

在与罗伯特·席勒（Robert J. Shiller）合著的《钓愚》一书中，阿克洛夫提出了市场并非永远是正确的。他认为市场实际上充满了欺骗和操纵。因为有利润的存在，市场总会提供一些错误的选择。

第二部分

了解人的非理性行为

第 3 章
锚定效应：第一印象的重要性

在许多情况下，人们会通过初始值来确定最后的答案。初始值或起始点，可能是从问题形成之时得到的提示，也可能是在稍微计算之后得到的结果。但无论是前者还是后者，其调整都不会太过充分。不同的起始点会产生不同的估测，但都会偏向于初始值。我们将这个现象称为锚定。

——丹尼尔·卡尼曼

> 锚定是一种认知偏差,在日常生活中普遍存在。当某人告知的一个信息影响了你的判断,进而导致你得出结论时,锚定就会发生。

在下面的游戏中,人们被要求估算埃菲尔铁塔的高度。许多使用了左边比例尺的参与者严重高估了塔的高度。如果锚定没有发生,他们或许可以客观地思考塔的高度,并尝试进行合理的猜测。本章我们就从这个有趣的案例出发,了解锚定效应的特点和应对方法,跳出思维误区,摆脱偏见,成为一个更理性的人。

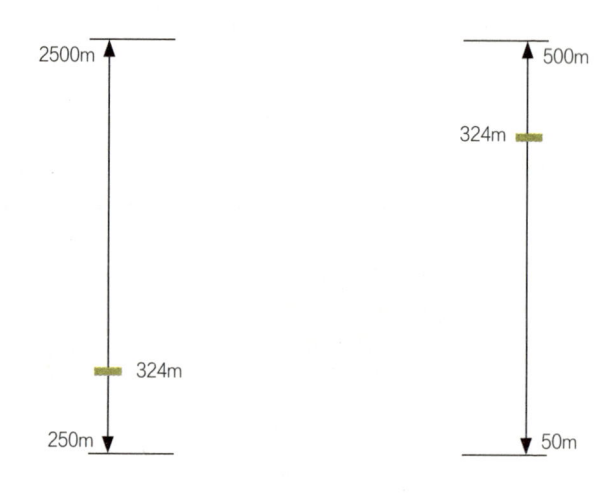

图 3-1 埃菲尔铁塔的高度是多少

一、锚定效应的概念

锚定效应是由行为经济学创始人丹尼尔·卡尼曼在20世纪70年代提出的概念。什么叫"锚"？大家知道船是往远海开，船想停下来需要抛锚。车停下来不叫抛锚，那叫停车。所以"锚"一定是来自海上，来自轮船。锚抛下去之后，船就可以定住了。

所谓"锚"的概念就在于此。"锚定效应"就是指我们在做判断、给结论的时候，往往会人为设置一个起点或参考值。这个起点或参考值会对你未来的决策产生巨大影响，甚至会导致我们的行为和决策之间产生巨大的偏差，这就是锚定效应的基本概念。锚定在那儿之后，船就走不了了。但实际上，船可能应该走，不能一直停在那里。

怎么证明锚定效应的存在？

丹尼尔·卡尼曼是心理学家出身[1]，为了验证一个又一个的行为经济学的规律概念，做了很多心理学实验和行为实验。其中有两个经典的实验。

第一个实验发生在1974年，卡尼曼邀请了两组高中生参与

---

[1] 心理学与经济学交叉的行为决策领域开始于20世纪70年代末，这是受到认知心理学家丹尼尔·卡尼曼和已故的阿莫斯·特沃斯基（Amos Tversky）以及经济学家理查德·塞勒开创性工作的刺激，这一研究工作从此演化为包含社会学、法律、生物学、博弈论、政治科学、人类学和其他学科的研究发现及其策略，并且对上述学科也产生了影响。

实验。实验特别简单,甚至有点滑稽和搞笑,但它证实了"偏差"的存在。

两组实验者被要求做一道很简单的数学题,需要在几秒钟内给出计算结果,不能借助其他辅助计算的工具。

A 组:1×2×3×4×5×6×7×8

B 组:8×7×6×5×4×3×2×1

大家都知道这两道题的答案肯定是一样的,但实际上,我们的大脑很难在三五秒的时间内就计算出结果。

所以这几秒实际上考验的是人在第一时间的直观反馈。

照理说,这两组实验的最终答案都应该是 40 320,但最终结果 A 组和 B 组的学生给出的答案都是错误的,而且离 4 万这个数字相差甚远。

不过实验的目的不是看算数结果的正确与否,而是看"偏差"的比较。

A 组是从 1 乘到 8,估算值的中位数是 512;B 组是从 8 乘到 1,估算值的中位数是 2250。这虽然跟 40 320 的数值都差了很多,但为什么两组数值相比较,一个是 500 多,一个是 2000 多,偏差达到了 4 倍之多呢?

其实道理很简单,因为你根本就不知道答案是什么,纯靠"瞎蒙",所以你看到的第一个数字,直接决定了最后的判断。

A组看到的第一个数字是1，B组看到的第一个数字是8，所以A组就估低了，B组就估高了。

另外一个实验更加"无厘头"。你可以先在脑海中想一个固定的数字，比如手机号的后三位。假如有几个人的手机号后三位是1，8或者9开头，那这第一印象就是100多、800多或900多。把这个数字写下来后，再回答这个问题：

西罗马帝国灭亡的年份是多少？

大部分人对这个年份肯定没印象（不要百度），但规则要求你必须马上写出答案。

实验结果发现，手机号后三位数字大的，他们写出来的西罗马帝国灭亡的年份数字也大。这其实也是一个锚定效应。因为显然你的手机号跟西罗马帝国灭亡的年份没有任何关联，但实际上人的大脑会不自觉地形成一个"锚"。

二、投资中的锚定效应

1. 数字锚定

购买股票后，你会把成本，也就是购入价格作为一个锚，非常不愿意市场交易价格低于成本价格，也就是在亏损的时候卖掉股票。其原因之一就是锚定效应[1]。

如果以数字为锚，有一种情况需要特别注意，就是锚的标准发生了变化。比如上证指数从 2000 点涨到 3000 点，你觉得已经涨了 50%，不能买，因为"锚"就是 2000 点。但如果指数继续涨，从 3000 点涨到 4000 点，你一直没买，然后从 4000 点开始下跌到了 3500 点。这相较于 4000 点来说已经跌了 500 点了，并且大家都说是牛市。

那是不是可以买了呢？想一下，在 3000 点的时候你觉得贵没买，是因为你以 2000 点为锚；从 4000 点跌到 3500 点，你就不觉得贵了，马上入手，实际上是以 4000 点为锚。但 3500 点比 3000 点要高很多！所以数字锚本身会发生很多变化，这是我们经常会遇到的一个问题。

2. 观点锚定

对我们投资影响最大的行为就是以成本价格作为锚，忽视了公司发展的基本面或者投资逻辑。这是跟投资有关系的第二个锚定效应的偏差，我称之为观点锚定。

各种概念题材板块是 A 股特有的一个现象，比如说白马股。什么叫白马股呢？业绩稳定，现金流稳定，ROE（净资产收益

---

[1] 另一个原因是"损失厌恶"，详见本书"第 6 章 损失厌恶"。

率）比较高，分红也比较高。

这些概念组合在一起，实际上就人为定了一个"锚"，比如贵州茅台、格力电器、美的集团、海天味业等，都属于大概意义上的白马股。但这样会产生什么问题，那就是这些股票既然属于白马股阵营，它们一定满足现金流、收益稳定等条件。你会一直盯着这些标准，认为它们一直是白马股。但我们需要牢记的是，公司的基本面会发生变化。

按白马股的几个特点来讲，格力肯定是家电行业当中的白马股。

但请你再思考这样一个问题：15年前，同样是做空调，那时候空调行业的第一白马股是江苏的春兰股份。春兰股份这家公司在当时的市场地位、竞争优势比格力、美的要强得多，后来转行去生产摩托。但企业转型的结果却是业绩下滑，摩托没卖掉，空调业绩也不行了，最终不再成为"家电白马股"了。

如果你一直认为春兰股份就是一个白马股的话，后面可能会产生投资亏损。这就是所谓的观点锚定典型例子，在A股市场中非常有代表性。回过头来看，如果把白马股作为一个观点锚，其实还能接受，因为基本符合价值投资的理念。

如果有其他的热点事件引出的概念，比如元宇宙、三孩政策、冰墩墩等概念股炒作，把它们当成一个锚、一个范畴、一个投资标准，似乎有了这些题材股价就能涨。这其实是人为地把自己局限到一个概念里，这属于投资中的第二类误区。

3. 理念锚定

第三类误区是对市场的评判。

你可能会形成一些错误的理念。比如听别人说A股是个政策市、消息市，于是天天盯着政策和消息，听风就是雨，却忽略了一条真理：股市可能会受政策的影响，但股市毕竟还有自身运行的规律。纵观世界的股市，政策措施只能影响市场的短期波动，并不可能完全把控指数变化趋势。另外，那些所谓的消息更是无稽之谈，真正有价值的消息，需要从股市的盘面和公司的基本面中去挖掘。掌握绝密消息的人，更不会冒着职业生涯被毁的风险把消息传播出去。

哪怕出现了一个政策支持的信号（俗称"政策底"），之后市场还是会下跌。我们认为2021年的中央经济工作会议是"政策底"的表达，2022年的全国"两会"是"政策底"的表达，包括2022年1月央行的信贷集中投放，这也是"政策底"的表达。

但是从规律上来讲，"政策底"之后还有"市场底"，两者之间的偏差幅度可能会非常大。特别是2022年又受到乌克兰局势的影响，股市跌了很多。这是"自以为是"的一个锚。如果我们按照这个锚去做投资，也会有损失。

三、为什么会出现锚定效应

在回答"为什么会出现锚定效应"这个问题前,我们先来探索为什么我们的认知之间会有这么大的偏差。

远古时代,找到一个简单的对比标准,会更容易让原始人活下去。比如一个原始人吃了一个白蘑菇,吃的时候没中毒,还吃挺饱,而且活下去了。第二天又看到一个类似的白蘑菇,他必须第一时间做出判断:能不能吃?

"肯定能吃,因为我昨天吃过一个类似的蘑菇!"这就是一个锚。但如果他一直思考这蘑菇有没有毒,能不能吃,除非等其他人先吃一口,否则他自己会先饿死。

所以锚定效应的底层逻辑是人们为了偷懒,为了生存,就必须有一个"标准",再迅速根据标准做出决策。这就是锚定效应的来源。

图3-2 打折消费中的"锚定效应"

当然在生活、消费中，很多商家都会利用锚定效应——先把原价提上去再打折。我们在生活当中也可以利用锚定效应去达到自己的目的。

比如有的小孩子吃饭比较挑食，父母不要问宝宝今天想吃什么，如果他说想吃鱼翅、海参、鲍鱼，我们可能给不了。父母要问的是："宝宝今天想吃什么？咱们家有包子和馒头你选一个。"或者你约一个客户见面，这位客户可能会拒绝你，怎么办？有的人可能会这样问："请问您下周什么时候有时间我们来见一下？"客户可能说一周都没时间。如果换个问法："下周是周一见比较方便，还是周二见比较方便？"给他一个锚的参考，见面的成功概率就会大大增加了。

回到"为什么会出现锚定效应"这个问题，背后其实有两个原因。

第一个原因就是容易偷懒。比如我们分析俄乌之间的军事冲突对投资的影响，最简单的方法就是把过去的军事冲突翻出来做参考。有了参照物或以往经验，只需要计算相对量就能找出决策答案，相对简单。我们发现，过去的军事冲突之后，黄金价格会涨，石油价格会涨，但涨两天就跌下来了，股市基本上不受影响。

分析新冠肺炎疫情对股市的影响，我们可能会用2003年非典时期作为一个锚，看看当时非典对股市、经济的影响。但事实上，两个事件之间差别很大。因为2003年的非典大概持续了半年，到当年夏天就结束了。但这次新冠肺炎疫情对经济和社会的影响效应明显要长得多。

第二个原因就是人不太愿意改变自己，因为改变自己需要耗费很多精力和时间。人进行自我否定是很难的，所以投资市场中出现的各种锚定效应，其实跟消费中的锚定效应非常相似。人一旦设定了锚定对象，就很难去改变。这就和我们买手机是"苹果粉"还是"华为粉""小米粉"一个道理。

在投资中，大多数人也会直观地把本金当作锚，账面上的钱多了就会开心，少了就会难受。但随着投资者认知的升级，越来越多的人开始转换思路，把"锚"变成了投资标的估值的高低和市场所处的阶段。

四、如何避免出现锚定效应

既然锚定效应是一个偏差，那怎么去解决这个偏差呢？有三种方法。

第一种方法：知识越渊博，懂得越多，经验越老到，越能够摆脱锚定效应。

有一段时间市场跌得很厉害，某天大盘甚至跌了四五个点，这时，如果有个经验比较老到的人，就会想：这算什么？因为他经历过当时2015年一开盘，所有股票全部跌停板的情况，都跌了10%。今天这只股票跌幅可能就五六个点，这样一比，那真是小巫见大巫。何况 2015 年股市跌下来之后又涨起来了。

所以经验越老到、越丰富的专家，受到锚定效应的影响就越小。我们要尽量多实验、多尝试、多经历、多体会、多研究、多思考。

第二种方法：不要让自己犯懒。

锚定效应产生的本质原因，从人的角度来讲，主要是懒。

巴菲特身边有个比他还老的老头——芒格。他们经常会有观点的碰撞。巴菲特认为某只股票挺好，但芒格并不赞同。巴菲特就回去认真思考。如果他依旧坚持认为自己的观点是对的，这时候芒格就会说行，那我跟你一起投资这只股票。

芒格这样做，其实是逼着巴菲特不要偷懒。从我们自己角度来讲，当我们坚定地看好一个投资机会，就反过来想一想，强迫自己看看风险，一定要思考，一定要写出来，哪怕写出来是否定的，也要去做这件事情。

当然我们要推演一下如果发生最坏的情况，自己能不能承受。如果这样做下来，还觉得可以的话，这事基本上就成了。所以不要让自己偷懒，凡事把正反两面都考虑好。

第三种方法：换位思考。

比如 10 块钱买的股票跌到 8 块钱了，有些人会心疼："天呐！两块钱跌没了，几万块钱跌没了！我要赶紧去赚回来！"这时可以找一个比你还懂的人问问，或者假想这账户是别人的账户，不亏你的钱。

这样换位思考后，你的立场就跟10块钱的成本没有任何关联，这时候再去思考：股票价格跌到8块钱后，将来会涨还是跌？是继续持有还是立马卖掉？静态观察，投资这些核心资产，它的估值到底合理不合理，这家公司的业务是被人们都抛弃了，还是继续在正常开展？这样就可以避免出现锚定效应。

其实，锚定效应并不完全是贬义词。如果锚定效应利用得好，甚至可以达到事半功倍的效果。我们如果无法避免出现锚定效应，那该如何选择正确的"锚"呢？

1. 更好地读懂自己

从纵向思维来看，我们可以看看自己三五年前投资的公司，现在经营得怎么样了？公司业绩增长了吗？公司规模、团队、产品线扩张了吗？股价、估值对比过去有变化吗？以这样的标准来考核过去的自己，审视自己有哪些优劣势。

从横向思维来看，也就是按投资标的的种类、行业、风险偏好来做划分。比如：有人就是擅长做基金，不擅长个股；有人对传统行业的判断比较准确，而对科技行业、医药行业不甚了解。你对投资这件事的理解和态度，你承受亏钱的底线在哪里，都是你读懂自己的一些标准。

我们在读懂自己这个过程中就要取长补短，把自己有优势的那部分继续放大，并不断地弥补自己的短板。就如彼得·林奇（Peter Lynch）所说："最终决定投资者命运的不是股票市场，甚至也不是上市公司,而是投资者自己。"

意思就是要读懂自己,把自己的能力圈搞定。

2. 更好地了解投资标的

除了全面地读懂自己,我们对投资的公司,应该以其内在价值为锚,按照价值投资的理念去深入了解。企业价值本质上是企业未来现金流的折现值,而不是以你买入或卖出的价格为锚。过去涨过了,将来股票不可能再涨了,或者过去涨过了,利好政策下来它还会涨,这些想法其实都是锚定效应在作祟。

我们把眼光放长远,不要看过去涨了多少倍,要看公司的未来还有多少空间,这家上市公司的核心竞争力能否支撑公司继续前行。即使已经涨了上百倍的公司,未来也有可能继续上涨一百倍,成为世界的行业龙头。比如一些非常优秀的生物科技公司、芯片公司,只要国家需要、产业资本需要、市场需要,即便它们今天还是幼苗,未来也会长成参天大树。

这两方面的能力方向确定之后,我们才能让自己变得更成熟。即使面对市场的波动,锚定效应的影响也会减到最小。

小结

- 人类大脑有快与慢两种做决定的方式。我们经常依赖情感、记忆和经验迅速做出判断,但这很容易做出错误的选择。

- 投资中常常出现的三种锚定效应:1.数字锚定;2.观点锚定;3.理念锚定。

- 锚定效应的底层逻辑,其实是人们为了偷懒,为了生存得有一个"标准",能根据这个标准迅速做出决策。

- 锚定效应出现的原因:1.人们容易偷懒;2.人们不太愿意改变自己。

- 如何避免出现锚定效应:1.知识越渊博,懂得越多,经验越老到就越能摆脱锚定效应;2.不要让自己犯懒;3.换位思考。

相关人物

丹尼尔·卡尼曼
Daniel Kahneman

丹尼尔·卡尼曼是现今在世的最有影响力的心理学家之一，他因对判断和决策制定的理性模式提出挑战而荣获2002年度的诺贝尔经济学奖。他的研究打开了社会心理学、认知科学以及行为经济学的新局面。他著有《思考，快与慢》《噪声》等著作。

卡尼曼最重要的成果是关于不确定情形下人类决策的研究，他证明了人类的决策行为如何系统性地偏离标准经济理论所预测的结果。在他之前，经济学和心理学在研究人类决策行为上有着极大的区别：经济学家认为外在的激励形成人们的行为，而心理学家则认为内在的激励才是决定行为的因素。卡尼曼看到了经济理性这一前提的缺陷，发现了单纯的外在因素不能解释复杂的决策行为，由此正式将心理学的内在观点和研究方法引进了经济学。卡尼曼认为大脑有快与慢两种做决定的方式。常用的无意识的"系统1"依赖情感、记忆和经验迅速做出判断，它见闻广博，使我们能够迅速对眼前的情况做出反应。但是系统1也很容易上当，它固守"眼见即为事实"的原则，任由损失厌恶和乐观偏见之类的错觉引导我们做出错误的选择。有意识的"系统2"通过调动注意力来分析和解决问题，并做出决定，它比较慢，不容易出错，但它很懒惰，经常走捷径，直接采纳系统1的直觉判断结果。

他的发现激励了新一代经济学研究人员运用认知心理学的洞察力来研究经济学，使经济学的理论更加丰富。他的理论指出我们在什么情况下可以相信自己的直觉，什么时候不能相信；指导我们如何在商场、职场和个人生活中做出更好的选择，以及如何运用不同技巧来避免那些常常使我们陷入麻烦的思维失误。

第4章
代表性偏差：追涨杀跌有多可怕

> 通俗来说，人类往往会对那些明显的、直观的、好理解的、抓人眼球的数据或者信息特别关注，对一些难懂的、实在的、有科学性的信息往往置若罔闻。
>
> ——丹尼尔·卡尼曼

人们总是倾向于根据代表性特征冲动地做出判断，归根结底，还是源于人们把小部分细节的权重放大了，导致把大局给忽略了。

我们都知道盲人摸象的故事：摸到腿的盲人觉得大象像一根大柱子，摸到鼻子的盲人觉得大象像一条大蟒蛇，摸到耳朵的盲人觉得大象就像一把扇子，而摸到身体的盲人认为大象就像一堵墙。这个寓言生动地解释了代表性偏差：判断一个陌生事物时，人们通常会与其他的事物进行类比，如果具有相似性，那么就会认为是相同的事物，这种简化的分析方法就是代表性偏差。

一、代表性偏差的概念

代表性偏差,最早由诺贝尔奖得主丹尼尔·卡尼曼教授提出。代表性偏差指的是人们喜欢将事物按特质划分为几类,然后根据已有的思维模式制定决策,过分强调其中几类代表的重要性,而忽略了整个大环境和其他事物,也就是习惯于用大数样本中的小数样本去判断整个大数样本。

心理学研究表明,人们在面对不确定的、没有现成算法的问题时,大脑倾向于用思维捷径来降低分析复杂度,这些捷径使大脑在完全吸收消化现有信息之前就可以得出一个大致答案。这种思维捷径依赖于直觉而非理性,特点是快速给出答案、自行生产,适用于初步计算的场合,比如评价新的同事是否容易相处等。这种思维捷径的缺点,在于不用数据科学统计、忽略事物间的不同点,导致难以正确地分析新的信息,进而得出错误的结论。

比如要去分析研究眼前的一个事物,我们就会把它切分成很多块,并贴上 A、B、C、D 的属性标签。我们会习惯性地选择其中一个最鲜明、最简单的属性并得出结论,这就是所谓的"代表性偏差"。

此外,我们经常提及的一个词就是"线性思维"。什么是"线性思维"?就是指你看到 A,认为 A 后面就是 B,B 后面就是 C,这种片面的思考逻辑,也印证了代表性偏差的存在。

为了更形象说明这种线性推演的行为带来的偏差,卡尼曼教授在《思考，快与慢》中举了这样的例子：

> 汤姆同学是美国普林斯顿大学的高才生，他虽缺乏创造力但有高智商，他需要有序整洁的生活环境；他字迹潦草马虎，有很强的控制欲，看起来缺少同情心，不喜欢与别人互动；他尽管以自我为中心，但有很强的道德观。请回答，在以下这四个选项中，你觉得汤姆是什么专业的？
> A. 法律
> B. 医学
> C. 商科
> D. 艺术

从汤姆的特质上来分析，有很强的道德观，学法律的；有序整洁的生活环境，学医学的。相信你们会在商科、法律和医学这三个专业里面选，很少有人能凭直觉选艺术专业。

正确答案：汤姆就是学艺术的。

原因就是，只要你上网查询一下就会发现，普林斯顿大学虽贵为常春藤大学，却一直崇尚小而精的精英学院风格，并没有商学院、法学院，更没有医学院。这个例子能证明，我们对一个人专业的判断，往往会利用他的性格、特质来辅助分析，但这与事实不一定相符。

我们试着把这个问题换一种问法，舍弃许多假设条件，比如："你朋友的孩子，去美国普林斯顿大学学什么专业？"那你拿到问题后，肯定会和朋友确认，或者在百度上搜索答案，那就会知道普林斯顿大学没有商学院、法学院、医学院，也就不会因为代表性偏差而给出错误的答案。

在地域方面，我们也会产生很多代表性偏差。比如我们通常认为四川人爱吃辣，上海人爱吃甜，北方人爱吃面食，西北人爱吃羊肉等。甚至很多人觉得内蒙古人都会骑马，但很多内蒙古城市里的居民并不会骑马。如此看来，代表性偏差在我们生活中比比皆是。

二、投资中的代表性偏差

代表性偏差在投资行为中非常常见。比如股价的涨跌，包含了多方面综合因素的影响结果，但很多投资者受到代表性偏差的影响，分析股票时无法抓住公司的关键因素，或过度重视一些并非紧要的信息，比如分股、增加分红、新闻发布等。

我们再来聊聊，在投资中我们会产生哪些代表性偏差的行为？这些行为会给我们带来哪些不够客观的决策？

第一，普通投资者会对"明星基金经理"情有独钟。投资者在选择基金的时候，你身边如果有银行理财经理，大都会给你推荐基金。推荐基金前面有一大堆的信息，基金公司是哪家，基金经理是谁，他的从业经历、过往业绩等，理财经理一定会把这一堆固定的宣传资料发给你。下面会加一句话，这句话一定不是简单从公告里面摘出来的，而是这位基金经理去年业绩在同类型基金排名前五或前十，是非常靠前的。

但对于大多数人来说，实际上那些基金的信息，很多人搞不清楚，债券型基金、混合型基金、偏股型基金……可能认准了排名前几名，那一定是个很厉害的角色。比如2020年年初股票市场非常火热，公募基金的经理也迎来了高光时刻，产生了所谓的千亿基、日光基。当然也有不少明星基金经理凭着优良的业绩数据，被自家的基金公司和投资者捧上了神坛。随着2020年年底股票市场产生的波动，基金经理又一下子被骂上热搜，又有了"赚钱喊总，亏钱是狗"的嘲讽。实际上，投资者掉入了基金公司"代表性偏差"的陷阱。其实，基金公司在宣传产品时，往往会向投资者展示这个产品最亮眼的成绩；另外，投资者因为无法完全掌握基金的投资策略，也无法实时对变化的经济数据做比较分析，从而会通过基金经理荣誉、历史业绩、基金规模等显而易见的数据，来形成这个产品的"代表性"指标，而不看有关其他潜在可能性的依据，如基金经理的投资风格、基金的抗跌性以及这个赛道目前在大盘的整体情况、是否有政策加持等。可以说，这也是部分基金公司利用信息不对称向普通投资者售卖产品的一个特殊技巧。

另外还有个行业的"秘密"。基金公司会把大部分热门行业都安排基金去做配置,按比例去配置几个细分赛道,然后买市值排名靠前的几家公司做一个比例组合,等到基金业绩好的时候,就重点推出。所以并不是这只基金或者基金经理厉害,而是这种组合方式带给你的认知偏差,会让你误以为是个人的能力。

第二,为什么普通投资者那么喜欢"追涨杀跌"?实际上,我们一直推崇的以巴菲特为代表的价值投资并不是市场的主流,因为它是逆人性的,需要经得住市场长期考验。而趋势投资、追涨杀跌往往是散户爱干的事。散户喜欢盯盘,喜欢根据这几天的盘面趋势、表象去做决策。比如,股价连续上涨了几天,一片飘红,人人都在赚钱的时候,他们觉得自己会一直赚钱,不断买入;而股票开始变绿了,即认为自己要亏钱了,赶紧清仓。这就是股市中典型的高买低卖、追涨杀跌。其实,这也是一种代表性偏差,片面地看到了表象,忽略了股票涨跌的本质其实是价值回归。"当股价高于其估值,股价终将下跌;股价低于其估值,股价终会上涨。"这看似简单的理论,在操作中却变得很难!所以在业内经常会有个问题,到底择时难,还是择股难?择股是要去看懂这家上市公司的基本面,而择时则是要精准把握股市大周期高低点精准进出,既考验判断力又考验耐心和决断力。正因为这种代表性偏差的存在,使投资变成了反人性的游戏,只有少数人,才能在这个游戏中赚钱。

第三，利润高的上市公司，就值得持有吗？ 很多投资者会进入一个误区，认为利润高的公司盈利能力很强，是一家好公司，值得去买入甚至长期持有。那么事实确实如此吗？实际上，这也是一种很典型的代表性偏差。把利润率作为代表，来判定一家公司。这个问题要拆成两个部分看，首先，利润率高并不能作为一家公司好坏的唯一判断标准。很多非常优秀的互联网公司的利润率很低，但拥有超高的市场份额，比如亚马逊、京东、美团等。当然有些产品利润率很高也能稳居宝座，比如茅台。利润率高的产品，要么是有技术壁垒，要么是有品牌和人性的壁垒。另外，在资本市场持有一只股票，光看利润率肯定是不够的，营业额、行业属性、市场占有率、资产负债率、净资产收益率等核心指标都要去观察分析，不能靠一项利润率来一锤定音。

三、为什么会出现"代表性偏差"

　　讨论了三个和代表性偏差相关的案例后，我想问问大家，我们为什么会仅仅凭借几个代表性特征就做出判断呢？最重要的原因就在于，人们会不由自主地用"小数定律"的偶然性去代替"大数定律"的规律性。

　　"大数定律"指的是当试验次数足够多的时候，呈现的统计规律性。比如抛硬币当次数足够多，5000次甚至10 000次之后，正反面的概率将无限接近相同。这里的前提是样本量足够多、数据量也足够多的情况下，才能得出此结论。而代表性偏差中的"小数定律"，就是人们往往用了少量的样本，就以此为代表做了决策。在小数中，具备一定偶然性，下一次出现的情况，未必和上一次相同，这就会导致我们发生代表性行为偏差。前面所说的挑选明星基金经理的产品、喜欢追涨杀跌、买入利润率高的公司，都是相似的规律。

很多人没有对每一件事做非常深刻且透彻的思考。我们每个人投入到一件事中的时间和精力都是有限的，很难去做完整的思考。没有时间、没有精力、没有体力去投入，所以只能根据看到的最能够打动自己的那个重点得出一个心中的结论，这就往往形成代表性偏差。

四、如何避免"代表性偏差"带来的投资问题

在了解了投资者"代表性偏差"普遍存在的问题后，我们来聊聊投资市场中有哪些应对之道？

1.在基金市场中，是否有"大数定律"的规律性可以参照？数据显示，在中国证券市场，基金的热销都会有阶段性的高点，所以前一年的"冠军基金"到了第二年可能会成绩不佳。

而许多头部基金公司中的热销基金，可能会存在抱团取暖的"潜规则"，即好几只基金买了同一只股票，个股被基金抱团后，就能推动股价上涨，从而推动基金净值上涨，基民就能赚钱盈利。另外，基金的规模并不是越大越好，因为任何基金经理的能力都有边界，千亿基金经理，肯定会触及他不擅长的赛道。

既然选择了基金产品，那还是要相信专业的力量比散户要强，所以要摒弃短期交易行为，抱有长期的投资思维才能获得长期回报。

2. 在股票市场中，可以贯彻巴菲特先生的那句名言——"别人贪婪时我恐惧，别人恐惧时我贪婪"。前面说过，投资是反人性的游戏，财富密码只会掌握在少数人的手里。贪婪和恐慌两种极端情绪会不停地在股市中出现，而且时间点变幻莫测，难以捉摸。而当市场由于某个事件的恐慌达到高点的时候，恰恰是我们最佳的买入点。股价不振很多时候是由于负面情绪所引起的，比如疫情、战争等；有时则是因为行业的负面新闻。而这些情绪波动导致的下跌，正是我们进入市场的黄金期。

这句名言并不是让我们和全世界反着干，而是保持"独立思考"的能力，多思考、少操作。在操作时，要做到谨慎，三思而后行。在选股上，我们要自己判断哪些是一门优秀的、可以长期发展的、对未来社会有价值的生意，以此来买入。而不是说所谓"聪明的投资"就是和分析师、大众反着干，那结果可能是与羊群效应的策略一样片面。靠专业的头脑去独立思考，而不是逆向投资。如果你不懂得股票的价值，那就等于玩火自焚。总之，我们要避免这种从 A 到 B 的简单推演，而是要在 A 到 B 之间做认真的思考和讨论。

✓ 小结

- 人们总是对明显的、直观的数据或信息特别关注；反之，对一些难懂的、实在的、有科学性的信息视若无睹。
- "代表性偏差"说明了，人们习惯于用大数样本中的小数样本去判断整个大数样本。
- 投资中一些常见的"代表性偏差"：明星基金经理，追涨杀跌，偏爱高利润率公司。
- "代表性偏差"产生的原因：人们不会对每一件事做认真且透彻的思考，而是会不由自主地将"小数定律"的偶然性去代替"大数定律"的规律性。
- 如何避免"代表性偏差"：摒弃短期交易行为，坚持长期主义；逆人性而动，而不是跟风盲从。

相关人物

比尔·米勒
Bill Miller

比尔·米勒是美国公募基金历史上最成功的基金经理。他保持着金融圈至今无人打破的纪录：从1991年到2005年，连续15年跑赢标普500指数。

这个纪录已经超过大名鼎鼎的彼得·林奇。他曾经被晨星评选为20世纪90年代最佳基金经理，也被纳入了 Barron's 杂志1999年的世纪明星投资团队。

曾经有人做过计算，如果投资者在1990年投资比尔·米勒的基金10万美元，到了2007年7月已经涨至92万美元，创造了年化回报率14%的全新纪录。因为巨大的成功，比尔·米勒管理的 Value Trust 基金规模，从1990年的7.5亿美元涨到了2006年的200亿美元。

从概率视角来看，这个概率或许只是十万甚至百万分之一。米勒先生因为卓越的投资业绩，获得了公募界、投资界的多项奖项和荣誉。然而，2006—2008年、2010—2011年，受到经济波动影响，米勒先生所管理的基金每一年在扣除管理费用之前就已经跑输大盘。投资者一定没有想到，正因为代表性偏差，自己选择的基金经理，会给他们带来甚不理想的投资回报。

第 5 章
过度自信：偏见与傲慢的始作俑者

> 人们在了解自己能力的方式上存在着自我崇拜的偏见与误区。当成功时，人们往往相信这是来源于自己的能力；当失败时，又往往把失败归咎于运气、环境或者他人。这种偏见与误区会导致人们对自己的能力与知识过于自信，从而影响决策。
>
> ——热瓦利斯、希顿和奥德安（Gervaris Heaton & Odean）

> 过度自信可以理解为：一种我们认为自己知识的准确性比事实的程度更高的信念，即对自己的信息赋予的权重大于事实上的权重。

比如，大多数吸烟者认为，和其他吸烟者相比，他们染上与吸烟相关疾病的风险要小。大部分成功者把成功的原因归结为自己的能力和努力，而否认了运气也是很重要的一部分。有的脾气很好的人，开起车来就变成暴脾气，认为马路上前后左右开车的司机都技术太差，这也是过度自信的心理在作祟。

一、过度自信的概念

过度自信，最早源于心理学的研究成果，指人们过高估计了自身的能力和私人信息的准确性。这也是我们常常说的"内行陷阱"，对于自己在行的事情会抬高自己的判断，最终发生结果不符合预期的状况。

诺贝尔经济学奖获得者丹尼尔·卡尼曼把过度自信引入行为经济学的领域。他认为：人们对中等概率的事件，容易产生过低的估计；而对于90%以上的概率事件，则认为一定会发生。这些生活中的小细节，看看你有没有中招的。

读经济学的大学生会认为，他们毕业后找到的工作的薪水会比同龄人高。

大多数奢侈品店铺的柜员，会觉得自己比来购物的消费者更见多识广。

新婚夫妇在结婚时都觉得能天长地久，尽管他们对离婚率一清二楚。

大家不要以为过度自信只会发生在少数不太聪明的人身上，事实上，企业家也容易入坑。美国最受年轻人欢迎的社交软件色拉布（Snapchat），创始人是"90后"，他们就曾经拒绝了来自脸书（Facebook）、谷歌300亿美元的收购邀约，选择了自己发行上市。上市后遭遇了股价大跌、隐瞒丑闻、集体诉讼等丑闻，昔日的独角兽变成困兽。这背后，也和CEO（首席执行官）的独裁性格不无关系。所以,"过度自信"是把很锋利的双刃剑。

二、投资中的过度自信

同样是诺贝尔奖获得者的理查德·塞勒把"过度自信"引入投资策略中,因为"过度自信"现象在金融市场上非常普遍,而且对业绩的影响非常深远。下面我们列举几个过度自信所产生的投资偏差行为。

1. 过度交易

过度自信最常见的表现就是过度交易,包括交易过于频繁、交易金额过大,以及完全没考虑风险问题就仓促买入股票等。传统经济学的假设是人们的经济行为是完全理性的,但事实上人们常常心血来潮而随意做出决定,频繁交易就是其中之一。研究发现,无论是中国股市还是美国股市,普通投资者每天的换手率和交易量都非常高,那是因为买入和卖出的人都觉得自己是正确的。这个现象的背后,大家都高估了自己的能力,过度交易,频繁换手也会对投资业绩产生很大的影响。

美国某证券公司分析了6万多个家庭在20世纪90年代的股票交易账户,结果发现,这些家庭的平均年回报率是15%左右,投资周转率为70%。而交易量最大的10个家庭,回报率仅为11%，投资周转率高达280%！这个调查研究了散户交易频率和投资业绩之间的关系，数据结果已经充分表明，投资周转越频繁，不仅不会为投资者带来高收益，盈利反而会越低。当然，这项数据如果放到A股市场中可能会更惨。

因为回顾美股过去30年的走势，从20世纪80年代开始，其实整体的市场一直是昂扬向上的，虽然1987年、2008年、2018年和2020年出现过调整，但总体来讲，在这个过程中投资回报还是不错的。如果像A股一样，十几年来沪深300指数都在3000多点，几乎没涨。在这种情况下通过频繁交易去获得长期的稳定收益，几乎是不可能的。

所以，切勿频繁交易是一个铁律。管住手，就是管住了钱袋子。

2. 控制错觉

过度自信中还有个很致命的表现就是控制错觉，这在投资领域也屡见不鲜。打个比方，大牛市的时候，连猪都能起飞。但是回到现实中，却有不少过度自信的投资人，把在牛市中赚钱归结于"自己的能力强，投资也很简单"，这就是"控制错觉"。这实际上已经犯了投资的大忌，就是把随机性当成了必然性，把对于过程的控制和结果画等号。你以为自己控制了过程，结果就会对自己有利。实际上这有点本末倒置，是牛市成就了你，使你赚到了钱，而并非你的钱成就了牛市。这是我希望大家在今后的投资中，能客观理性面对的事实。

经常会碰到一个有趣的现象，我们称之为"炒股幻想症"。身边很多朋友投资赚了钱之后经常萌生的一个想法就是：我要炒老板鱿鱼，我要职业炒股了。实际上这只是市场带来的平均回报给到投资者，或者你真的只是运气，仅此而已。一旦亏了钱，那就是市场有问题、监管有问题，都是别人的错。其实，股市涨涨跌跌是常态，我们只有保持一颗平常心，才能获得持久的幸福感。

3. 证实偏见

人与生俱来会有先入为主的意识。最简单的例子，中国男足比赛，球迷吐槽一通；女足比赛，球迷万分期待。这就是某个人或事在你心中留下的既有印象，会直接影响你处理问题的判断。当然，男足女足的实力水平基本上是既定的事实。那么放在变化多端的投资中，证实偏见很容易让我们走入投资的误区。比如你从各方小道消息中打听到A上市公司要进行并购，布局新赛道，预计公布消息的当天股价会上涨，经过多方求证属实后，于是重仓了这只股票。但是消息出来的当天，股价反而还下跌得厉害，纳闷儿不？这就是你忽略了本质，其实资本市场的机构买方，并不看好A公司所谓的战略布局，反而变成了一个利空的消息。这时候，证实偏见的负面影响就出现了，投资者对自己掌握的观点过度自信，并倾向于收集那些能够证明自己观点的信息，而忽略那些不支持其观点的信息。

乐视就是个很好的例子。许多投资者一开始都被它光鲜亮丽的外表蒙蔽了双眼。当贾跃亭宣布入局造车开始，从明星股东到普通股民，都纷纷重仓乐视。然而乐视当时的现金流早已发生严重问题，东窗事发后，许多股东的钱都血本无归。所以，有些时候上市公司的宣传都只展现出想传达给公众的那一面，如果要透彻地分析和印证，还是要通过真实的数据。

更重要的是，过度自信还会对整个金融市场的波动造成影响。

一是对交易量的影响。当过度自信的投资者增多时，市场中的交易量会变大。相反，当过度自信的投资者减少时，市场中的交易量会缩小。而现实中金融市场的交易量是非常大的。1998年纽约证券交易所的周转率超过75%。中国的情况更是惊人，1996年上海证券交易所的换手率是591%，深圳证券交易所的换手率是902%。

二是对市场效率的影响。在理性市场中，只有当新的信息出来时，价格才会有变动。但是投资者过度自信，会对市场波动性产生影响。过度自信对市场效率的影响取决于信息在市场中是如何散布的。如果少量信息被大量投资者获得，那么价格可能就会偏离真实价值，出现偏高或偏低的可能。

三是对波动性的影响。过度自信的价格接受者会过度估计他们的个人信息，这会导致总的信号被过度估计，使得价格偏离其真实价格，因为过度自信使投资者扭曲了价格的影响，使市场波动增加。过度自信对价格的影响取决于不同特征交易者的数量、财富、风险承受能力和信息。

三、形成过度自信的因素

　　接触过股票的人或许都听说过这句话：十个炒股的，七个亏，二个平，还有一个赚钱的。那是因为很少有投资者是完美的，也很难不被各种消息、偏见所左右。信息是无上限的，而人的能力是有上限的。大多数非专业的投资人，都没有经过系统性的学习，没有好好地去了解A股上市公司的业绩情况、财务报表，也没有和过去五年、十年甚至二十年的A股走势进行对比。

　　另外，没有计划、没有准备也是形成过度自信很重要的原因。有的人会在做一项重要决定前查阅很多资料数据，精心安排计划并且落实；而有的人却喜欢凭着感觉走，还会觉得计划赶不上变化。对，计划是有可能赶不上变化，但没有计划，可能你连面对变化的能力都没有。我们要善于归纳总结，比如：去年的投资收益是多少？比起前年是增加还是下降？哪只股票或基金的收益令你最满意或最不满意？这个结果你满意吗？今年要在哪些方面改进？等等。要知道将军不打无准备之仗，方能立于不败之地。

　　讲了这么多关于过度自信的问题，但我还必须要和大家强调一点：过度自信并非完全一无是处。恰恰相反，它在我们的社会发展中其实有着重要的意义和价值！比如运动员在做技能性的训练,如打乒乓球、游泳、跑步等。自信能够帮助运动员提高运动成绩,运动员对自身能力有了信心后也会投入更多的努力去训练,不断取得进步。而对于演讲家、演员、销售人员来说,自信是他们必须具备的性格特质之一。

从人类发展的角度来看,特别是在企业家创业这件事情上,100个人创业能有一个成功就不错了。如果企业家没有"过度自信",内心的想法就会变成:"我去创业,100个人只有一个能成功,我基本不可能是那一个,不如老老实实去打工得了。"但事实上每个企业家都必须过度自信,他一定相信自己就是那百分之一,甚至那千分之一,要全力以赴拼了老命去干。

四、如何避免过度自信

最后,我想和大家聊聊,如何避免过度自信?这个问题要从两方面来看。我前面也说了,过度自信其实是把双刃剑。过度自信的人真的完全没有好处吗?也不尽然。一般来说,过度自信的人都会有种优越感,都有乐观开朗、能言会道的基本特质,还能给自己的生活增加很多乐趣;另外过度自信的人看问题会抓大放小,从宏观角度去看问题而不拘泥于细节,给思维很多发散的空间。

那么,关键还是在于"过度"两个字上。要适度,不能过度，我给大家总结了以下三点。

● **试着接受不同的声音。**其实投资很像是一场自我心理的斗争，自我坚持的同时又自我怀疑，尤其是当你亏钱的时候，身边不同的声音就更多了。股市正是因为每天有不同的声音和想法，才会造成这样的起起伏伏，这也是它的魅力所在。去接受不同的声音，值得听的可以采纳，不值得听的就一笑而过，或许可以拓宽你的思路。

● **对风险心存敬畏。**任何一只股票或基金，都是有风险的。市场是非常难以预测的。什么叫对风险要敬畏？最简单的，不要存有投机性，在高点还要追涨买入，或者捡所谓的垃圾股，都没有太多意义。投资大师彼得·林奇曾说过，别想试图跟随市场节奏，你会发现自己总是在市场即将反转时退出市场，而在市场升到顶部时介入市场。

● **要有足够耐心。**就拿2022年3月上旬至中旬的这场股市波动来说，两周的时间把"恐惧与贪婪"演绎得淋漓尽致。各种外部环境的影响、互联网公司泡沫破裂、情绪的躁动等，缺乏耐心的人们都已经早早卖出离场，没想到这就是黎明前的黑暗，最后靠着高层释放出积极政策信号，外资涌入A股，迎来了"涨声一片"。一个V形反弹，股民们从哀号到喜悦，回过头看，就是需要足够的耐心。

小结

- 人们在了解自己能力的方式上存在着自我崇拜的偏见与误区。
- 投资中的过度自信：频繁交易、控制错觉、证实偏见。
- 过度自信对投资市场的交易量、市场效率、波动性都会产生影响。
- 形成过度自信的原因：人的能力是有限的，没有充分的计划和准备。
- 如何避免过度自信：接受不同的声音，对风险心存敬畏，有足够耐心。

第6章
损失厌恶:沉没成本的陷阱

"失去的痛苦"比"得到的快乐"力量更强大。

——阿莫斯·特沃斯基

> 有句俗语叫"拥有时不懂珍惜,失去后才懂得珍贵",从侧面反映了人们在得到一样东西时会出现"理所应当"的态度;而失去的时候,才会追悔莫及,有切肤之痛。比如健康、金钱,或生命。

下面我们来做一个极端的测试。假设你得了一种病,死亡概率很低,大约在万分之一。为了消除这万分之一的死亡可能性,你可以付费买一种药,你会愿意吗?

再做一个假设,我们邀请你参与一项医学实验,给你注射一针疫苗,但疫苗可能会带来副作用,导致你死亡的概率也在万分之一。在两者都是万分之一的前提下,一个是得到健康,而另一个是失去健康,我想很多人都会选择前者。这就是人们很典型的"损失厌恶"心理。

一、损失厌恶的概念

损失厌恶是指人们面对同样数量收益和损失的时候，会表现出不同程度的心理活动。也就是说，当你得到 1000 元和损失 1000 元时，损失 1000 元所带来的负效用，会远高于得到 1000 元带来的正效用。正所谓由俭入奢易，由奢入俭难，损失厌恶反映了人们对损失和得到的敏感程度不对称，面对损失的痛苦感要大大超过面对获得的快乐感。

损失厌恶影响着我们生活的方方面面。

商家经常用的广告语"错过这次等一年""机不可失，时不再来"，这种双重否定的词语，会比陈述句更吸引顾客。这其实就是损失厌恶的行为决策，人们都会赶在最后一刻参与一把。

很多人熬夜备战"双十一"购物节，买家用电器，买衣服，零点准时抢购，生怕自己错过了白菜价的商品。

男士谈恋爱的时候付出了许多精力和金钱，最后分手时痛苦万分，并不是女朋友有多优秀，实际上也是纠结自己的沉没成本……

经济危机时，公司想要降薪的话，员工的怨言就会非常大。即便只是临时性的，也会让员工无法接受。

还有这段时间比较流行的魔镜产品，它在刺激消费者体验购物时就用了成功的一招，就是提倡用户把魔镜带回家先试用一周，如果觉得满意再付费。结果 80% 以上的用户选择了留下，销售额增长了160%。像一些线上商家采用"七天无理由退货""货到后付款"等,也是利用这样的心态。

类似的场景,每天都在我们身边上演。我们可以用一个行为经济学名词——"损失厌恶"来解释。

二、投资中的损失厌恶

当然,投资中的"损失厌恶"心理也比比皆是。

在股市投资中,你会发现一个很有趣的现象,有时候忘掉自己股票账户和密码的佛系投资人反而可以赚到大钱,而不断去查看股价走势、频繁操作的偏激投资人反而很难获得成功。

那是因为在人的天性中,都有"损失厌恶"的心态。我们喜欢收益、喜欢寻求风险,可相比之下,我们更讨厌高风险带来的损失。那么,损失厌恶具体有哪些表现,怎样影响着我们的投资决策呢?

1. 卖盈持亏

首先想问大家一个问题,在做卖出抉择时,究竟是该优先卖出盈利的品种还是亏损的品种呢?

我想不少人会选择卖出已经盈利的品种,因为害怕浮亏兑现。这种现象还有个学术上的名称,叫作处置效应。认为自己的钱只要还在股市里,就总有逆风翻盘的一天。如果兑现亏损的话,意味着承认自己当下的失败。这其实就是你心中的损失厌恶心理在作祟,讨厌这种挫败感。所以资本市场就会不断出现被套着和等待解套的重复循环,实际上正确的做法应该是优先卖出亏损产品及时止损,而保留盈利产品,让利润再飞一会儿。而很多中小投资者,一旦套牢,都会死扛好几年甚至十几年,而刚一回本就迅速卖出解套离场。

例如,某只股票现在是20元,一位投资者是22元买入的,而另一位投资者是18元买入的,当股价产生变化时,这两位投资者的反应是极为不同的。当股价上涨时,18元买入的投资者会坚定地持有,因为对于他来说,只是利润的增加;而对于22元买入的投资者来说,只是意味着亏损的减少,其坚定持有的信心不强。由于厌恶亏损,他极有可能在解套之时卖出股票。而当股价下跌之时,两者的反应恰好相反。18元买入的投资者会急于兑现利润,因为他害怕利润会化为乌有;但对于22元买入的投资者来说,持股不卖或是继续买入可能是最好的策略,因为割肉出局意味着实现亏损,这是投资者最不愿看到的结果。所以,其反而会寻找各种有利的信息,以增强自己持股的信心。

2. 频繁杀跌

通常存在"损失厌恶"心理的投资者,即使选择了较为优质的投资标的,也会拿不住筹码而频繁杀跌,最终成为股价走势的提线木偶。当投资者看到自己持有的股票，连续阴跌了10个交易日没有转好，很多时候他们就坐不住了，开始焦虑，生怕这种跌势会持续不止。若这个时候再放出一些利空的消息，那股民们真的会受到情绪波动的影响，乖乖交出廉价筹码。事实上，可能小散户就是中了机构和庄家这类大户的圈套，成了这把博弈的"小韭菜"。注意了，股市就是人性斗争的场所，不去战胜人性的弱点，你又凭什么成为那10%赚钱的人？

基金投资亦是如此。某基金网上，有部分基金产品的数据。热门股票型基金，投资者持有时间长度平均不到3个月。考虑到还有一些长期持有的人，那持有时间的中位数，估计就只有1～2个月了。大多数人是一遇到下跌，心里害怕，拿不住。能持有股票或基金时间达到5年的人，不到0.4%。0.4%是什么概念呢？山东高考，985大学录取率大约是1.4%。也就是坚持持有股票或基金达到5年，难度是高考考上985大学的3倍以上。所以长期持有这件事情，比大部分人想象的要难得多。

3. 短视和保守

损失厌恶的投资者通常会具有短视和保守的资产配置心态。短视的投资者，不太愿意接受短期波动带来的涨跌，视股市如赌场，仿佛在追求"一夜定输赢"的放手一搏。但你们可能没有意识到，通货膨胀的长期影响，可能会跑赢短期内股票的涨跌。也就是说，你丢在股市里的钱，能抵挡钱贬值、钱不值钱的问题。

并且，因为太过于在乎短期的收益，你也会在做资产配置时过于保守，喜欢把钱存在银行、购买货币基金等，而不愿意去尝试购买股票或股票型基金等。

三、形成损失厌恶的因素

这个问题，其实得从人类几百万年的进化史说起。在古代，其实大部分平民处于饥一顿饱一顿的状态，种田要看天，狩猎看运气，人一直在为了自己的生存而奋斗，可能一天损失点什么，就会面临死亡。这种思维一直延续到今天，不看重损失的人，就容易饿死，导致拥有"损失厌恶"基因的人越来越多。现代人类，会不由自主地厌恶损失，无论在事业、生活、投资还是感情中，都尽力避免它的发生。

于是在长期的积累中，人们逐渐形成了对损失的厌恶比对得到的快乐更敏感，两者的系数差为2.5倍。也就是说，要想抵消你损失了1万元所带来的痛苦，需要你赚到2.5万元才行。说到底，造成损失厌恶最大的因素，就是我们被过去自己的决策所绑架，而剥夺了未来的部分自由。请认真思考一下，你理解的未来的自由是什么？

四、如何避免损失厌恶

1. 告诉自己什么最重要

在我看来,投资是一门科学,所谓科学就是要用数字来说话。所以我要劝诫各位不要把太多的情绪带进投资,更多的是带头脑和计划。头脑,就是确定自己投资中想要什么,最在乎什么,是想要落袋为安、防止通货膨胀,还是就是喜欢分析技术面。制订计划,比如提前制订操作规则和计划,并严格执行操作规则,设置止盈、止亏线,或是投资时间(现在的投资软件都能自动设置),这样到达了你心仪的数字就会卖出,省去了内心纠结和烦闷的过程。

2. 多捡廉价筹码,尽量低价买入

对于自己心仪的投资标的,它越跌其实你越应该感到高兴,因为你可以用更低的价格去拥有它,而不是买了一堆泡沫。这就说到了概率学的问题,尽管低位买入的股票还是有下跌的可能,但这个概率和下跌空间要远远低于在高位的时候,对于有损失厌恶心理的伙伴们而言,这会是一个"治愈"的妙招。

比如A股中的茅台,当年在经历了"塑化剂"事件和"反腐"新政规定出台的双重打击后,股价也遭遇过低谷期。当时如果有投资者低价买入,现在也应该获得了不错的收益。中概股也是一样的道理,2021年经过下跌之后,也回到了估值较合理的区

间。而且这类平台经济公司，我们平时生活中经常会用到它们的产品或服务。投资者也可以重新考虑一下是否值得买入。

3. 隔绝于噪声之外，不做股市的守望者

巴菲特曾说过，一个季度甚至半年查看一次股价走势足够了，避免时时盯盘查看短期结果。这样，除了可以使投资者心情更为愉快外，更重要的是提升决策和结果的品质。对坏消息的典型的短期反应就是加剧损失厌恶。如果你不知道每只股票每天的情况，就不会慌乱之下做出错误的卖出决策，如此才可以赚到长期的大钱。

小结

- 人们对损失和得到的敏感程度不对称,面对损失的痛苦感要大大超过面对获得的快乐感。
- "七天无理由退货""双十一购物""错过这次等一年"等促销广告,都是利用了人们损失厌恶的心理。
- 投资中的损失厌恶:频繁杀跌,卖盈持亏,短视和保守。
- 损失厌恶形成原因:人们被过去自己做的决策所绑架,而剥夺了未来的部分自由。
- 如何避免损失厌恶:对投资品种有清晰的认识;多捡廉价筹码,低估值买入;屏蔽外界繁杂的声音。

相关人物

阿莫斯·特沃斯基
Amos Tversky

美国行为科学家阿莫斯·特沃斯基,因对决策过程的研究而闻名。他的工作不仅对心理学,而且对经济、法律等需要面对不确定性进行决策的领域都产生了很大影响。他1982年获美国心理学会颁发的杰出科学贡献奖,1985年当选为国家科学院院士。而他的合作者卡尼曼博士获得了2002年诺贝尔经济学奖。

特沃斯基博士和卡尼曼博士共同开展研究工作,向有关人们是如何形成判断及如何选择的传统观念提出了挑战。

他们通过其他各种事例的实验,建立的理论是:不确定的损失比得到更重要,第一印象对今后的判断很重要,具体而生动的例子比抽象的理论更有分量。这在学术界引起了空前的反响。

他们的前景理论发表在《科学》《经济学季刊》等杂志上,受到了经济学家、心理学家的追捧。前景理论为行为经济学提供了坚实的基础理论并获得广泛的认同。

第 7 章
有限注意力：专注度决定了你的判断

> 由于投资者的有限注意力，并不会对所有和盈利、收益相关的公告给予足够的关注，证券价格往往对此类新闻和消息反应不足。
>
> ——伯纳德和托马斯（Bernard & Thomas）

也许你听过那个著名的棉花糖实验。

心理学家挑选了几位3~4岁的儿童，考验他们抵御诱惑的能力。当小朋友们走进房间的时候，会被告知如果他们吃了桌上的棉花糖等零食，那么他们就不会获得奖励。如果他们能忍耐15分钟等老师回来再吃，就能获得额外的零食作为奖励。

经过多次实验后，心理学家发现，他们普遍等待的时间在3分钟左右，很少有孩子能等待15分钟。起初，心理学家认为这个实验考验的是孩子们的意志力。那些少有的能够坚持15分钟、获得两份零食的孩子，他们的意志力更坚定。

后来通过对那些意志坚定的孩子的行为分析，心理学家得出了另一个结论。那就是这些孩子都是采用转移注意力的方式来抵挡马上吃到零食的诱惑。他们有的用手挡住零食，不去看它；有的在玩弄手指转移注意力。总之，就是他们刻意忽略了自己想吃零食的欲望。这就是"有限注意力"的典型案例。

一、有限注意力的概念

前文提到的锚定效应、代表性偏差、过度自信、损失厌恶，都是因为人类不从全局去考虑问题或放大偶然事件这些非理性的行为导致的。"有限注意力"的概念，则和整个大的时代背景以及人类大脑的运作、心理因素都有关。

我们生活在一个信息化时代，大量的信息充斥着生活，通过互联网、媒体、身边的朋友等获取信息，大脑每天面对着充满数据和杂物的现实世界。

在有限的时间中，我们的注意力也必然是有限且珍贵的，因为人更愿意把注意力投入在更重要、更能凸显成果的事情上。它令我们善于在经验中寻找规律，但又让我们很容易掉入有限注意力的"陷阱"。

在上述条件下，很多机构会利用人们这个先天的条件反射，把好消息放大吸引市场的注意，而对待坏消息则要谨慎得多，往往会精挑细选一个"恰当的时间"来公布，寄希望于人们的注意力被好消息吸引，而尽可能减少对坏消息的关注。

你平时有没有留意过自己的注意力都被锁定在了哪里呢？我们先通过一个案例来破解迷津。

1997年，全球金融危机爆发。当年，快消品的销量都非常低迷，唯有MARS（玛氏饼干）的搜索量和销量突然大增，公司市场部也觉得非常奇怪，营销策略上并没有什么变化，销量怎么突然离奇增长了？

为了弄清缘由，他们进行了调查。最后发现，是因为同一年美国航空航天局（NASA）探测器"探路人"登陆了火星（MARS），新闻天天在播报 MARS，美国民众或许是出于民族自豪感，或许是被这个名称反复洗脑，成就了这个美丽的巧合。

为了验证可靠性，他们还做了其他调查，调查发现，不光是MARS 饼干销量大增，玩具也好，餐厅也好，只要叫 MARS 的生意都变得红火起来。

玛氏饼干的例子，在行为经济学中就是典型的"有限注意力"偏差，人们长期听到某个名字或信息时，他们对其他事情的判断，也会受到它的影响。

同时它也说明，我们的注意力是一种重要的资源，重要程度甚至超过了时间、金钱等，并且在我们工作、学习过程中，注意力会消耗。我们的注意力放在一件事情上，那对其他事情的注意力就自然会下降。这就是此消彼长的道理。

二、投资中的有限注意力

同样，"有限注意力"的影响不但体现在我们生活的方方面面，它造成的行为偏差，在投资中也有许多场景化的案例。

1. 坏消息周几公布

如果一家上市公司有一个坏消息要公布,你觉得他会选择在周几公布?

在给出答案之前,我们先来进一步思考这样一个问题:

对一家公司来说坏消息什么时候公布对股价影响最小?

答案是周五的下午。到了周五,大家都沉浸在一周工作总结以及周末到来的喜悦中,对坏消息的关注,自然会比其他工作日要少。同时,周末的股市是不开盘的,讨论度经过两天的发酵也会有所降低,到周一上午再开盘时,股价的反应就不会过猛。所以在业内里会有个不成文规定,如果要公布坏消息,最好放到周五的下午。这个利用"有限注意力",把坏消息放在周五发布的决策,也在数据统计中得到了印证:

上证综指显示,周五公布的坏消息反应在股价上比其他工作日低15%,交易量低8%。

同样,各类小长假前也是上市公司热衷于披露业绩的"最佳时机"。宁德时代就选择了在2022年五一小长假前的最后一天,发布一季度财报,经营情况果然比预期的要差。选择在这个时间点公布,经过劳动节五天的发酵,节后在股价上的反应,就会淡化许多。

相反地,不少上市公司会选择把利好消息放在周一、周二来公布，也就是为了让子弹多飞一会儿，拉伸长尾效应。

2. 为什么老百姓最关注CPI

CPI（居民消费价格指数）和GDP（国内生产总值）、PPI（工业品出厂价格指数），都是国家宏观经济的核心数据，另外还有社会融资总额、社会零售总额等。国家统计局发布这些数据后，经济学家可结合政策与数据变化做一轮分析和预判。

而对社会大众来说，他们最关心的数据是哪个呢？根据搜索引擎百度指数发现，大众对CPI的关注度，要远远超过其他指标，CPI关注度是PPI的2.5倍，是其他指数的10倍，这就是CPI效应。

CPI是指居民消费价格指数，物价与老百姓的生活起居息息相关，也是观察通货膨胀水平的重要指标。比如猪肉、米面粮油、酱油价格变化，在一定程度上可以反映政府的宏观政策有没有落实到老百姓的钱袋子上，国内的需求到底是偏强还是偏弱，政策的推动是否积极等。但是，可能是非经济学专业出身的原因，较少老百姓能把CPI和GDP、PPI结合起来看。

这就是老百姓在宏观经济数据上常见的"有限注意力"行为，在研究宏观经济数据时，一定要全面考虑各项数据指标。

那作为老百姓，到底怎么看宏观经济数据，才能获得投资机会呢？

我们要去看PPI和CPI的剪刀差，PPI在上涨，CPI在下跌；

或者是 PPI 在下跌，CPI 在上涨。出现剪刀差是很正常的，但如果剪刀差过大，则意味着会出现以下情况。

CPI 上涨说明居民消费水平近期提高，但是只是对生活必需品需求增加。PPI 下降，说明制造业和工业正在衰退，而现阶段我国还是以工业和制造业为主，CPI 和 PPI 长期存在剪刀差，国家经济可能会滞涨。

如果 PPI 在下跌，原材料成本可能在降低，也可能反映了市场需求的疲软；CPI 上升，说明很多产品价格在上涨，此时经济有通胀的压力。

3. "中小盘基金"的命名

"有限注意力"还体现在基金的命名中。

其实中国基金产品命名的一大特点是直截了当，即某某公司＋某某行业偏好＋基金投资品类范围。比如易方达／汇添富＋医药／消费＋混合／股票。这样简单粗暴的基金命名方式可以让投资者一眼就了解这个基金的特征，不需要再看细则。

这样的命名规律长期延续下来，你就会发现一个有趣的现象，就是基金的命名也喜欢"蹭热度"。比如前几年中小盘特别火，很多基金公司乘势发行，取名字都是某某中小盘基金等，结果后面基金持有的还是像茅台、平安这样的大盘股。

"中小盘"这个名字，实际上已是虚设，基金经理每年会根据形势来调仓，所以大家在投资前千万要看清楚这款基金的投资

097

风格，不要被名称误导。这也利用了投资者的"有限注意力"对基金投资决策的影响。

当然这种名字的注意力陷阱其实屡见不鲜。比如美国很多电视剧里的女精英——医生、教授、律师都叫希拉里，只因为希拉里的名字标签太过于深入人心。许多公主的名字也都会叫奥黛丽、凯莉，就是因为奥黛丽·赫本和格蕾丝·凯莉的形象太过经典。

三、形成有限注意力的因素

作家李笑来在《财富自由之路》中讲道："和注意力相比，钱不是最重要的，因为它可以再生；时间也不是最重要的，因为它本质上不属于你，你只能试着和它做朋友，让它为你所用；而你的注意力才是你所拥有的最重要、最宝贵的资源。所以你必须把最宝贵的注意力全部放在你自己身上。"

形成"有限注意力"的因素其实有很多，外界的、内在的，客观的、主观的，我们总结一下，大致分为以下几点。

1. 我们倾向于优先处理重要的事务

在时间有限的情况下，我们更倾向于选择去发展、去执行我们更擅长的、感兴趣的事情。比如我今天只有五分钟时间来看盘，那我肯定会先看下沪深指数，再看一下目前已经持有或想要买入的股票，而对于其他几千只股票的涨跌，我们就没有那么多精力一一去看了。

2. 很多我们所看到的东西，其实都没有价值

注意力模型里提到，注意力集中不是个简单的过程，它往往和记忆有关，就好比信号塔检测论。在注意的过程中，人需要不停地刺激大脑，判断其重要性。既然注意力是稀缺资源，那就很难分配到每件事务上。自然而然，我们分析事务，理解每个事情的权重就不同了。

3. 媒体等外界的报道在分散我们的注意力

新闻媒体都喜欢去突出报道一些吸引眼球、爆炸性的热点，来左右你的判断。夸大新闻本身的内容，突出它的效果，因此在我们的脑海里，容易高估这个事情带来的影响。比如我们常说的标题党、营销帖等。

四、如何避免"有限注意力"

前面说了很多"有限注意力"引起的决策偏差，那么我们该如何去有效规避呢？

投资要分散吗？要，但要有限分散。如果有人跟你说分散投资是绝对原则，那你绝对不能听他的。的确，鸡蛋放在一个篮子里风险过大。但如果你只有5分的注意力，却要放在10个篮子里，结果也好不到哪去。投资越分散，你涉及的投资品类、股票品种越多后，需要投入的注意力、研究的资料也就会更多。

所以在投资前，要遵循"简单第一性原理"。什么是"简单第一性原理"？就是当我要投资这家公司前，搞清楚这家公司属于哪种投资逻辑，投资逻辑中有没有具体可量化的标准。把这些判断标准牢牢记在脑子里，没有达到这个标准的公司坚决不投，这就是投资中的"简单第一性原理"。

那么，我们首先要认清自己的能力边界和专业范畴，从少到多，逐步累积经验和投资标的。对普通投资者来说，适度的分散投资有利于更深层地研究所投资公司的情况。比如它的行业规模、竞争格局、产品竞争力、团队管理水平等。鱼与熊掌不可兼得，要深度研究就不能覆盖太多公司，而广泛的投资也就必然不会对每一家公司都了解透彻，这需要我们会做取舍。

认清市场热点永远不断，时间终会冲走泡沫。投资市场永远有新的热点出现，从前几年的区块链、大健康、新能源，到最近的元宇宙，投资市场永远有新鲜的概念出现，也一定会有机构去追捧，也永远有股票在涨、永远有股票在跌。那不变的是什么呢？不变的是，我们的注意力有限，我们要把注意力集中在更重要的事情上。如果你是技术流，爱追热点，做技术投资，那你的注意力就放在盯盘，做波段上。但我相信更多的朋友会更看重企业成长性和这只股票所在的行业前景。

明确了注意力是有限的之后，我们该如何把这个弱势转化为优势，进行积极辩证的思考呢？那就是把投资标准上升到一个最基本的投资原则，用这个投资标准去做减法。比如研发投入方面，科技公司的研发投入在总收入占比低于8%我就不投，通过这个门槛筛选掉大多数公司，减少注意力被分散的风险。这个指标拿出来之后，你就可以把相关行业中80%～90%的上市公司淘汰掉，把有限的注意力集中在那些核心的好公司上。抛开所谓的热点、概念，让时间冲走泡沫，把注意力更多地放在选股和择时上，相信时间、耐心、周期带给我们的力量。

小结

- 在有限的时间中，我们的注意力也必然是有限且珍贵的。我们更愿意把注意力投入在更重要、更能凸显成果的事情上。
- 注意力是稀缺资源，注意力分散是人的本能。
- 投资中的有限注意力：坏消息的周五效应；人们最关注 CPI；基金命名的由来。
- 产生有限注意力的原因：我们会优先处理重要的事情，外界因素在不断分散我们的注意力。
- 如何避免有限注意力：有限分散投资，坚持长期主义。

相关人物

科林·凯莫勒
Colin F. Camerer

科林·凯莫勒是美国行为经济学家，美国加州理工学院心理学和经济学教授。1981年在芝加哥大学取得博士学位。主要研究领域是风险决策理论和博弈论中的策略性行为。除发表了将近100篇期刊文章外，还合著、编著了4本书，并且撰写了专著《行为博弈》。凯莫勒于1999年成为首位当选世界计量经济学会院士的行为经济学家，并且在2001—2003年间担任经济科学学会的主席。

博弈论，作为对策略选择的标准化研究，起始于20世纪40年代，其方法是考察无情感的"天才"在博弈中应如何行动。但是这种方法忽视了带有情感和有限预见力的一般群体在博弈中究竟会如何行动，这个问题直到近年来才被提及。《行为博弈》中首次所做的有意义的尝试弥补了这种缺陷。科林·凯莫勒利用心理学原则以及数以百计的实验研究来建立有关互惠行为、有限策略选择以及学习过程的数理化理论，这有助于推断真实世界中的个人或团体在各种策略条件下会如何行动。他吸纳了大量研究策略行为的前沿成果，使得行为经济学的实验科学向前迈进了重要一步。

第 8 章
以小博大：彩票都有一种神奇的魔力

给我一个支点，我就能撬动整个地球。

——阿基米德（Archimedes）

以小博大的实践案例,在生活中随处可见。古往今来,人们已经用不少实验证明了,小成本也可能博取大价值。诸如"滴水穿石""铁杵磨针"等,都是人们用合理的代价和时间,来换取可观的回报。一滴水、一个人的力量或许渺小,但只要有足够的毅力和时间的锤炼,也会获得意想不到的成果。而在投资中,以小博大有时也是一个贬义词,想要快速地靠一笔小钱来累积成大财富,是一种典型的投机的心态。

一、以小博大的概念

从字面意思上看,"以小博大"指的是用较小的成本通过较为冒险、投机的手段来换取较大的回报。怎么理解这句话呢?从感性来说,就是赌一把运气,抱着试一试的心态,先跨出第一步,赢了最好,输了也罢。从理性来说,其实以小博大运用的就是杠杆原理。杠杆原理不光运用在物理学中,也可以贯穿在我们的工作和生活中。重点是要举一反三地运用杠杆的思维方式,也就是通过关键点做努力,能够产生显著的促进作用,从而撬动较大的成果。所以,"以小博大"具有双面性,只要能合理运用它并产生正面效果,就能给我们的工作、生活带来价值。

生活中以小博大的现象比比皆是。比如买彩票,彩民们能坚持数十年如一日地购买彩票,就是想着有朝一日能喜从天降,不用靠自己的努力来获得回报。但是,购买彩票,多少的赌注算是"小",多少的中奖金额算是"大"呢?如果一等奖为"大",那么每期1万元的投注为"小",又有几个彩民能够承受得起呢?参与这样已经被证明只有极小胜率的事件,那不是以小博大,而是有点"自讨没趣"的意味。这类游戏往往看起来参与的门槛极低,特别容易给人造成"以小博大"的错觉,但实际上大多数参与者是几乎没有希望取胜的。

还有人从概率学中做过计算,虽然彩票票面上的赌注只有几元钱,但彩民起码要连续15~20年不间断地购买,才有可能中得500万元。所以折算下来在彩票上投入的金额并非几元钱，而是数万元甚至更多。还有更多从未中奖的彩民，那实际上就是在不断地亏钱。说到底，彩票"以小博大"的概念，很大程度上是人们的非理性行为偏差。

如果说买彩票博的是运气，那还有种情况，博的更多是一种战略眼光和前瞻判断。比如拼多多，当年拼多多创办的时候很多投资人都不看好，认为中国正在走消费升级的模式，像这样低廉价格的拼团模式，市场竞争又激烈，能占据多大的市场份额呢？而拼多多就是瞄准了中国三、四线城市的下沉市场，把电商中的社交团购和社群裂变这一小点做到极致，发展到现在也得到了相应的回报。

很多企业做大做强快速发展的时候，会出现企业并购的问题，企业并购往往可以理解为以小博大，所谓"蛇吞象"的状况时有发生。这种状况其实是帮助很多企业在逆境中抱团取暖，有的企业现金流比较好，就会通过并购的方式迅速做大自己的规模、扩大生产。保险公司长期用储蓄金进行投资，就是用别人未来的钱，来增进自己今天的成就的一种杠杆性操作。

以上这些例子是值得我们去认真思考的。以小博大，我们博的是看待事物的战略性眼光，博的是关键性机会，而并非赌一时的运气。

作为创业者，真正以小博大的机会出现时，往往是一个全新的概念，是历史上还从未被证明或检验过的事物。比如当年的微软、亚马逊、脸书，把握住以小博大的机遇，才有可能撬动所谓"改变命运"的杠杆。

二、投资中的"以小博大"

回到我们的投资主题上，如何理解"以小博大"呢？其实可以从人性、原则和技术三个方面来考量，我们一起来看看以下案例，或许你会有更清晰的认识。

1. 投机心态

投资是用我们一定量的本金，去创造更大的收益。这句话没错，但投资和投机从心态和方法上都是大相径庭的。从心态上来说，投机者用越少的钱、越快的速度，能博到越多的金钱，就越符合投机时的理性期望值。

所以投机者在下注时会考虑，以最小的代价，最短的等待时间来获取最高的报酬。而投资者是什么？用合理的代价，花合理的时间，赚得合理回报率的收益。

仔细分析一下，如果说投资者的投资行为带来的赚钱概率是合理的，而投机者赚钱的概率相对是很小的。这就好比花10元钱买彩票，想要赚取1个亿，这发生概率就和晴天被雷劈一样。所以在投资时，如果我们预判到概率不合理时，就不要期待不合理的投资概率带来合理的报酬期望值，赌徒心态会导致我们一次次的失望性投资。

现实中，产生股市中投机心态的因素有很多。比如听到身边朋友买的一只股票涨势挺好，实际上估值已在高位，结果你就自投罗网掉进陷阱。

投资的时候，如果预判到这个操作行为的理想结果概率存在不合理性，就不要期待一种不合理的概率能够带来合理的回报。否则，最终结果只会导致你不断地失望。

所以简单来说，投机是一个复合博弈，你不断地花钱，最后手上的钱越来越少。而投资则是一个正和博弈，最大的区别就在于不断正增长的合理性。

2. 借钱投资

纵观整个社会，你会发现借钱的杠杆现象比比皆是。创业，你需要融资，ABC 轮，就是稀释股权来换钱。年轻人结婚，想要在大城市买套房，除了掏空 6 个人的钱包，还要向银行贷款，问亲戚借钱。包括现在分期买车，信用卡分期买表、买包等。在股票投资中，借钱炒股这一现象似乎总被人们诟病。用专家的话来说：没钱你还炒什么股？

这其实就是一个本利分离的逻辑。投资的最低标准是什么，是保本。如果你还是一只股市菜鸟，技术关都过不了，一直处于亏本的状态，那你借钱来投资，不是以小博大撬动杠杆，而是只会在亏钱的道路上越走越远。

另外还要遵循风险可控的逻辑。杠杆系数控制在1～3倍，那整体的投资风险还是可控的，即使略有亏损，也在自己能偿还借款的范围内。如果你借的数额远超自己的还款能力又没有过硬的技术能力，最后的下场就可想而知了。

"股神"巴菲特虽然嘴上说拒绝使用杠杆，但实际上却是把杠杆玩到飞起。伯克希尔公司旗下有多家保险公司，而保险公司本来赚的就是投保人的保险浮存金，比如投保人缴纳的车险，该车辆一年没发生过意外，或发生意外已经完成理赔，那笔险金就可以由保险公司来支配使用了。巴菲特用这部分资金去投资，也是在预支他人未来的钱。这本质上就是一种杠杆。而杠杆之上的复利，那就是世界上的第八大奇迹了。回到巴菲特的投资逻辑中来，巴菲特投资公司为什么首先考虑的是现金分红能力？一方面是他的投资逻辑；另一方面则是他借钱的行为，万一股票出现了波动风险，这些公司是有现金流给到我的，我甚至股权也可以抵押出去，可以迅速拿到钱去应对突如其来的保险赔付问题。他是一整套的原则在里面，而不是简单的"借了钱去炒股"。

3. 做空机构的节奏

让许多家上市公司都闻风丧胆的做空机构，应该听说过吧？比较著名的瑞幸财务数据造假事件，背后就是做空机构浑水在运筹帷幄。表面上这是一起上市公司财务造假的丑闻，而实际上，浑水公司同盟正在利用这波舆情造成的瑞幸股价大幅非理性波动。在瑞幸股价大幅下跌后趁机低价大量买入，又在瑞幸公关团队发声明否认、股价上涨后抛售股票。打了一个这样的时间差，短短一周内就为做空机构带来百亿的收益。

虽然瑞幸财务造假是真，但做空机构的最终目的不只是揭露其真面目，一份百页的做空报告，利用市场危机实现巨大的收益，可不是一场漂亮的胜仗吗？做空机构的背后都是专业的技术、专业的知识、专业的能力，如此才敢去做空去赚钱，也就是放杠杆去赚钱。

做空机构还利用同样的行为狙击过其他中概股，比如爱奇艺、好未来、辉山乳业。大部分做空机构这种"以小博大"的出击都能在市场上形成巨浪，打破了上市公司与投资者的信任关系，可以说胜多败少。

很多中小投资者摸清了这套规律后，也跟着做空机构的舆情节奏进行一波短线操作，一般都能获得超常的收益。

三、形成"以小博大"的因素

我们回到"以小博大"这个行为的心理分析上，以小博大的本质，实际上还是人性抑制不住的贪婪。

我们必须承认，人性就是贪婪、浮躁、无知的。如果可以像孙悟空那样一步登天，没有人会愿意做苦行僧。我们都希望快速成功，希望快速取得更高的收益。但要知道，**最快的办法就是慢慢来，用时间来换取空间**。很多人觉得"巴菲特每年领先道琼斯指数10%"这一速度太慢了，但是他厉害就厉害在保持这个标准50年以上。在资本市场上，有很多投资者可以在短时间内超过巴菲特的收益率，却无法做到像巴菲特那样连续50年保持复利增长。每一种成功的背后，都有一种"笨功夫"在支撑。真正聪明的人总是偷偷地做"笨功夫"，只有愚蠢的人在寻找捷径。

再小的盈利，每年能保持正增长，十年之后都是可观的变化；再小的亏损，每年继续下去无法改善，十年之后都会是不容忽视的大问题。

四、如何正确应对"以小博大"

以小博大的杠杆，一半是天使，一半是魔鬼。想要一夜暴富，终究只是美好的梦想。这里总结了几个适度运用杠杆的基本原则，希望能对大家有所帮助。

1. 预测未来趋势和波动率

首先是预测未来的趋势和波动率，假设你为了投资进行了10倍杠杆的融资，即使该资产未来的趋势是上涨，但只要它向下波动超过10%，则你的投资就会被强制平仓后清零。而假如你的杠杆只有2倍，则该资产向下波动50%以内你还有翻盘的机会。因此在使用杠杆前必须预测好资产波动率。一定要用涨跌幅、概率等客观的数字来说话，而不是相信别人的主观判断。

2. 巧妙运用杠杆+组合的方式

其实这也是分散风险的一种策略。当你把赌注都压在单一资产上，同时又加了杠杆，那命运其实已经不掌握在你自己手里了。即使这次赚了钱，也未必能保证下次还能赚钱。这时候，组合投资就能有效对冲市场的波动。比如常常讲的股票——成长、价值、消费、周期，投资者需要做一个合理的组合和配置。行情中一定会有一个板块是走强或者相对走强的，通过组合去稳定风险，在这个基础上，投资者再通过杠杆去增加长期的收益，这是非常重要的。

3. 学会及时止损

高风险未必会带来高收益，更多的可能会出现亏损。那么遇到账面亏损了怎么办？很多投资者会想着先放一放吧，说不定抛了之后股票又涨回去了，这种心理则更加强化了不及时止损的心态。但是在加杠杆之后，你的收益或者亏损都会成倍地增长。在这种条件下，如果不设置止损线，还抱有侥幸心理，想等待资产的上涨，这时候你大概率会亏掉预期之外的本金。设置止损线，能保留一定的本金，这样你下一次还有机会再来。《庄子》中的

"一尺之棰,日取其半,万世不竭",说的就是这个道理。

本章内容的最后,我再分享两个小故事,希望能给读者带来启发。

第一个是关于渔民的故事。大家知道,如果渔民的船只比较小,就只能在浅海打鱼,如此只能捞到一些普通的鱼,赚不到什么大钱。隔壁老王很厉害,他借钱买了一艘大船,开到深海里,一出去2~3周,回来之后全是珍稀品种,能卖大价钱。所以很多人看了也想效仿,说:"我也跟老王一样,开大船到深海行吗?"

我给出的答案是否定的。为什么大家都喜欢在浅海捕鱼?因为浅海风浪小,随时可以靠岸,比较安全。到了深海之后,船长的风险承受能力很关键,所以这以小博大的杠杆,不只是借钱买船那么简单,浅海和深海之间的差别,也是巨大的。

第二个故事,和巴菲特有关。巴菲特能够源源不断地获得资金,当然是他能够获得超额收益的重要推动因素。另外一个重要原因,他投资的标的本身也考虑了现金回报。比如,巴菲特为什么一定要买喜诗糖果?被他收购完之后带来什么样的好处?评估喜诗糖果这家公司的标准是什么,就是高额分红能力。12倍市盈率的公司利润全部分红,刚好是8%左右的现金回报,和巴菲特以优先股或者可转债入股很多企业收8%的利息非常相近。

实际上这还是一种应对策略,万一保险公司出险之后,他依然能够有应对的方法。保证了公司的现金流能够正常运作,这才是冒险博弈的基本前提。

小结：

- 以小博大指的是人们用较小的成本通过较为冒险的方式、较快的速度、投机的手段来换取较大的回报。

- 以小博大，我们要博的是看待事物的战略性眼光，博的是关键性机会，而非赌一时的运气。

- 投资中的以小博大：人性（投机心态）、原则（不轻易借钱投资）、专业技术（做空机构的背后玄机）。

- 以小博大的原因，其实还是人性抑制不住的贪婪。但实际上最快的办法就是慢慢来，用时间来换取空间。

- 如何正确应对以小博大：预测未来趋势和波动率，巧妙运用杠杆+组合的方式，学会及时止损。

第9章
禀赋效应：人倾向于喜欢已拥有的东西

> 行为经济学认为，人们在决策过程中对利害的权衡是不均衡的，对"避害"的考虑远大于对"趋利"的考虑。传统经济学理论往往会假设决策制订者把损失的费用等同于机会成本，但相对于机会成本来说，现实生活中人们往往更重视自己的损失。
>
> ——理查德·塞勒

思考一个有趣的的小实验。

如果工厂里工人们的工资都按工作时间来支付，每周工作 50 小时的同时，可以有一个在工作时间内休息 5 小时的机会，你是否会选择休息？

反过来看，若工人在每周工作 45 小时的同时，有一个再工作 5 小时的机会，你是否会选择工作？当视工资的减少为损失的费用、额外收入为机会成本时，答案显然是否定的。

禀赋效应的提出引起了人们巨大的争议，因为它挑战了新古典主义经济学对消费者选择的分析基础，即效用决定于客观资产价值。禀赋效应的存在会导致买卖双方的心理价格出现偏差，从而影响市场效率。

一、禀赋效应的概念

禀赋效应指的是当一个人一旦拥有某样物品，那么他对该物品价值的评价要比未拥有之前大大提高。这一现象是由诺贝尔奖获得者理查德·塞勒教授在 1980 年提出的，简单地说就是人对于已经拥有的东西会有比较高的心理估值，也可以用损失厌恶的理论来解释。其实，中国古语里也有一些反映禀赋效应的俗语，我们来做个选择题测试：

下面哪个词语或古语，不是形容禀赋效应的呢？
A. 敝帚自珍
B. 金窝银窝，不如自己的狗窝
C. 宁为玉碎，不为瓦全

正确答案是：C

其实咱们大部分的人都有这种心态，别人的东西再好也是别人的，我自己拥有的东西才是最好的。说起来有点荒谬，但这种心态却隐藏在我们工作、生活的方方面面。

大家如果学过国际贸易的话，应该知道资源禀赋的概念，两个国家要谈生意，你会选择哪个国家出口什么样的产品？这时候要考虑的就是一个资源禀赋的问题。

比如 A 国家人口多，大家工资要求比较低，那出口的则是纺织业。B 国家人口少，人均收入高，那出口的则是工业制成品、大规模制造。C 国家自然资源丰富，如铁矿石等，所以它就有钢铁方面的优势。所以资源禀赋是国际贸易中一个非常重要的概念和理念，并且由此产生一个叫作"绝对优势"的理论，国家在什么方面资源多，就主要生产禀赋资源能够带来的产品，两者一交易就产生了利益。所谓"靠山吃山，靠水吃水"，自己所处的环境有什么条件，就依靠什么条件生活。

再比如我们的家乡、我们的母校、我们住的房子、我们买的车子，甚至是家用电器的牌子，我们都会对其产生一种好感，这是一种情感上的纽带。当然禀赋效应在商业上的应用也屡试不爽。现在一些电商平台如某宝、某东为了促进消费，都会打上"七天无理由退货""试完再卖"的标签，这就无形中给了消费者很大的安全感。即使收到快递后对商品不满意，我也能退货退款，并不损失什么。那么，这个举措对商家来说也是利大于弊吗？我们通过这几年的数据研究发现，打上"七天无理由退货"的商品，销量同比增加了 30% 以上，而退货率不足 10%，甚至还免去了许多处理纠纷产生的时间和人力成本。那是因为当消费者收到商品时，禀赋效应就已经开始起作用了。当你认为这样东西已经属于你的时候，除非是质量非常不过关，否则能用的就不太可能再退回去。

二、投资中的禀赋效应

再来看看投资中的禀赋效应,因为人们在决策过程中对利害的权衡是不对等的,这种心理行为带给我们多少非理性的决策呢?

1. 迟迟不愿意纠错

其实回看前两年的 A 股市场,如果是单一股票投资或基金投资的话,你会发现业绩回报是天差地别。在这种结构性行情中,很多股票持续萎靡不振,但是公募基金在专业力量的加持下,回报还是比较可观的。可是,很多老股民出于禀赋效应的影响,不舍得抛掉已经持有好几年的个股换成基金。其实投资者心里也明白,公募基金或许是更好的投资方式,但就是不愿意放手,甚至觉得自己持有的就是好股票,总会等来逆风翻盘的一天。纵使回报不如意,他们也会担心未来股票抛掉后会上涨,这就导致了很多股票投资者迟迟不愿意纠错。但是他们却忘了时间也是成本,同样一年的时间别人在赚钱你却在亏钱,差距是不是就慢慢拉大了?

2. 错把运气当实力

当投资者买入一只股票后,如果标的发生连续上涨,投资者就会产生禀赋效应,下意识地开始美化标的以及自己的能力,将喜人的业绩回报归功于自己的投资眼光和标的足够优质。但实际上，发生上涨的原因有很多，投资者应该结合政策面、行业发展和企业基本面来综合评估，寻找其中的规律，通过对过去的规律摸索来预测未来的变量，而单一的总结非常容易产生误判。好运气并不能长久伴随，要靠专业知识和能力来支持。我们想要在投资市场上长期处于主动位置，还是需要用严谨的思维、清晰的逻辑去判断择时、择股，梳理出这只股票上涨或下跌背后的因素，建立正确的认知，而不能感情用事。

3. 对他人的意见产生偏见

股市里有一种说法，叫作"位置决定想法"。股民们的情绪会随着股票的涨跌大起大落。另外一点就是投资者容易就着自己的持股，对他人的意见产生偏见。比如一些证券分析师，如果说他持有的股票业绩好，那就会大加赞赏，说他是"股神"；反之，如果说他的持股哪里存在问题，就视而不见听而不闻，甚至说分析师水平不行、阴谋论者等。所以我们经常看到，某只公众看好的股票被批评和怀疑，发出质疑的人就会遭遇一众持有者的疯狂攻击和威胁，这就是"禀赋效应"的表现之一。

判断一家上市公司好或者不好，还要制定几个基本的原则和规则，这样就不是简单的感情用事。有人说我老家的股票最好，这显然不太准确。

投资者首先要做的就是做减法，比如在股票投资之前，先制定几个与公司业绩相关的硬核标准。我给你几个参考指标，比如这家公司你要投资它，毛利率我们要求 30% 以上，净利率 10% 以上，净资产收益率 10% 以上，主营业务收入增长 10% 以上，过去 5 年平均值都在这个水平以上，把它作为一个淘汰的标准。但凡看上哪一家公司，必须四个标准全达到，没达到标准的就排除在你的意向选择范围之外，达到标准之后你再去做认真研究，这样就能避免主观判断带来的失误。

三、形成禀赋效应的因素

了解了禀赋效应会产生的一些行为现象后，我们再来聊聊，造成这些心理的原因有哪些？

1. 损失厌恶心理

行为经济学中的损失厌恶心理，就是当人们失去一样东西时的痛苦程度，要大于拥有它时的 2 倍快乐。这也就解释了为什么我们宁可拿着可有可无的东西，也不愿意果断抛弃。另外除了拥有，我们还会考虑到价格因素，比如房子、股票，如果我们卖掉后价格上涨了怎么办？一旦有了这种犹豫，我们最终都会选择拖一拖、缓一缓，就和我们几年不背却不舍丢的名牌包一样，因为担心卖出后会被贴上判断错误、失败的行为等标签。

2. 习惯性依赖心理

禀赋效应产生的第二个重要原因就是习惯性依赖心理。这种心理其实会贯穿我们工作、生活和投资的方方面面。比如我们在一份工作中投入了许多精力和时间，那我们如果要换工作就会考虑之前的这些付出是不是都白费了。再比如恋爱结婚也是一样的道理，如果我们是投入了更多金钱和时间的一方，那分手时一定也会更痛苦。投资也一样，当你要进行标的转换时，你肯定会想起这只基金或股票曾经多么辉煌，为你带来了多少投资回报，相处过程中累积情感，久而久之会产生习惯性依赖。在这些情感因素的作用下，我们会越发看重与高估自己所持有的基金或股票，不舍得卖出。

四、如何正确应对禀赋效应

1. 避免先入为主

想要克服禀赋效应，最关键的是在做投资决策时，要以理性的角度去思考，而不是感性。理性是行为经济学中经常提到的词，但我们要做到合格却非常困难。其实有个最简单的方法，就是向"大师"学习，读经典著作，去"抄作业"。多看看那些被誉为"股神"的投资者，在碰到波动时是如何调整仓位的；在熊市时他们会选择持有还是卖出，或许这样会比你一个人凭感觉做决策,有更清晰的认识。另外我们还可以从正反两面来分析标的,无论你投资哪个产品,都可以在本子上列出它的优缺点,比如优点是收益高,那对应的缺点就可能是风险也比较高。这样可以避免放大优点而忽略了缺点。巴菲特会选择芒格作为搭档,也是因为芒格会指出他选择标的的偏差。多和伙伴讨论、沟通、切磋,就会在辩证中得到成长和提高。

2. 做到知行合一

禀赋效应带来的行为障碍就是会过度美化已经拥有的事物,这也会导致我们在很多行为中,想的、说的、做的都不一样。那么,怎么去克服它?怎么才能不被这些弱点所打倒?首先就是要直面我们自己的弱点。约束自己的感性思维,不去听信市场上的信息和谣言,还要控制自己的情绪,不随股市起起伏伏,这些都是很专业的投资能力。我的建议是:做少量而重要的操作决策,每个月、每个季度回过头来复盘它,再来做合理的计划,好的可以放大,不好的可以摒弃,真正做到知行合一。

3. 遵守投资规则

我们一直强调,股市投资是10%的人赚钱的游戏,我们如何成为金字塔尖的10%呢?充实自己的投资知识、强化自己的投资规则,是非常重要的。我们都说,没有规矩不成方圆。制定一套适合我们自己能力和财力的投资规则,比如科技股不懂不碰、坚持买每个行业的龙头股、每年的操作不超过 20 次等。当我们建立了完整且苛刻的规则后,就不可随意打破。就和每个公司的规则一样,我们一旦有了这种心理契约,就能调动投资的热情和积极性,从而起到激励的作用。

禀赋效应给我们最大的启示就是,学会选择与放弃,才能收获更多。

小结

- 人们在决策过程中对利害的权衡是不均衡的,对"避害"的考虑远大于对"趋利"的考虑。
- 投资中禀赋效应带来的非理性行为:迟迟不愿意纠错,错把运气当实力,对他人的意见产生偏见。
- 形成禀赋效应的原因:损失厌恶心理,习惯性依赖心理。
- 如何正确应对禀赋效应:避免先入为主,做到知行合一,遵守投资规则。

相关人物

理查德·塞勒
Richard Thaler

2017年诺贝尔经济学奖获得者，行为金融学奠基者，芝加哥大学教授。现为美国经济学会会员、美国艺术与科学研究院院士，是行为经济学和行为金融学领域的重要代表人物之一。

塞勒主要致力于心理学、经济学等交叉学科的研究。在理论研究中，他对反常行为、经济人假设、禀赋效应、跨期选择、心理账户和股票市场等方面的研究做出了重大贡献；在实际应用上，他分析和解释了消费者行为、社会福利政策、储蓄投资政策等行为经济案例。其代表作有《赢者的诅咒》《准理性经济学》《助推》等。

塞勒对生活中反常现象的思考，构成了他独特的研究视角，正是这种新的研究视角使塞勒的研究成果具有独创性与开拓性。塞勒指出，按照科斯定理，政府应该做的就是尽量降低市场的交易成本，使产权明晰，使市场效率趋于最优。但由于存在禀赋效应，政府这样的努力或许还不够。初始的产权配置对最终的资源分配有着决定性的作用，这就要求政府考虑到市场效率的低下，在分配产权的初始阶段就必须更注重效率，而不能指望过分地依赖市场的调节。

由于禀赋效应，人们要避免失去所拥有的东西，容易产生"安于现状情结"，害怕改变可能带来的损失。当社会制度变革时，那些可能利益受损的群体为了避免损失带来的痛苦，必定会不惜付出很大的代价来维持原有的制度，而社会的进步就必须要克服这种惰性。他针对经济学现有理论体系中的某些缺陷进行了深入的研究，贡献了诸多理论研究成果。

第 10 章
近因效应：老朋友的新面貌

> 在互动过程中，知觉主体是以对知觉对象所形成的第一印象为基础来交往的，这种交往方式当然易于在知觉对象身上诱发出与第一印象相吻合的反应特征，从而反过来加强知觉主体对知觉对象所形成的第一印象。
>
> ——洛钦斯（A. S. Lochins）

> 近因效应与首因效应是由美国心理学家洛钦斯首先提出的。它们反映了人际交往中主体信息出现的次序对印象形成所产生的影响。

洛钦斯曾做过一个这样的实验。

他用两段完全杜撰的故事作为实验材料，去描述一个叫詹姆的学生的生活片段。两个故事呈现出截然相反的两种性格——故事A呈现的是热情外向的詹姆，故事B则描绘了一个冷淡内向的人。两个故事分别如下：

故事A：詹姆走出家门去买文具，他和他的两个朋友一起走在充满阳光的马路上，他们一边走一边晒太阳。而后詹姆走进一家文具店，店里挤满了人，他一边等待着店员对他的注意，一边和熟人聊起了天。他买好文具向外走的途中，遇到了一个朋友，他和朋友打了招呼，然后和他告别，走向了学校。在路上，他又遇到一个前天晚上刚认识的女孩子，两人聊了几句后相互道别。

故事B：放学后，詹姆独自离开教室走出校门，他走在回家的路上，路上阳光非常耀眼，他走在阴凉的一边，他看见迎面而来的是前天晚上遇到的那个漂亮的女孩。詹姆穿过马路进了一家饮食店，店里挤满了学生，他注意到那里有几张熟悉的面孔。詹姆安静地等待着，直到引起柜台服务员的注意之后才买了饮料。他坐在一张靠墙边的椅子上喝着饮料，喝完之后就回家去了。

洛钦斯对这两段故事进行排列，并分别呈现给四组相同人数的被试者：第一组先看 A 后看 B，第二组先看 B 后看 A，第三组只看 A，第四组只看 B。看完后，要求他们对詹姆做出评价。

第一组被试者中有 78% 的人认为詹姆是个比较热情而外向的人；第二组被试者中只有 18% 的人认为詹姆是个外向的人；第三组被试者中有 95% 的人认为詹姆是个外向的人；第四组被试者中只有 3% 的人认为詹姆是个外向的人。这个实验表明，先提供的信息占绝对优势，这就是首因效应在发挥作用。

一、近因效应和首因效应的概念

近因效应指的是，最近获得的信息比原来获得的信息影响更大的现象。首因效应则是指，交往双方形成的第一次印象对今后交往关系的影响更大。我们知道，无论是近因效应带来的新近印象，还是首因效应带来的第一印象，对我们了解一个人来说，都是不够全面的。但不可否认的是，这两者带来的效应确实是鲜明的、显著的，并且影响着周围人对他日后一系列表现的评价。

心理学家的研究结果还表明，当有新信息输入刺激大脑时，近因效应产生的影响就会更大，比如通过交流分享、项目成果展示，我们对对方的印象就会不断刷新。也就是说近因效应一般会发生在关系较近的人之间；比如我们在做PPT演讲的时候，会有个小技巧，在最后两页把内容的精彩程度拔高，有这样的亮点结尾，你的演讲会令大家记忆犹新。

反之长时间没有联系和沟通时，首因效应所产生的影响就会更大。比如久未联系的老同学，对他的印象还停留在上学时，也就是说首因效应一般会发生在陌生人或久未联系的人之间。有句古话"新官上任三把火"，这是管理上的学问，新领导上任会出台一系列的新政策和规定，以提升团队士气。

那近因效应和首因效应不是自相矛盾吗？其实不然。举个生活中的例子，人一生中会遇到多个贵人。可能是你上大学时的老师，推荐了你人生中的第一份工作，过了20年仍让你心怀感激；

也有可能是你目前公司的领导，对你不断提携，让你的职业生涯不断前进。但如果一定要让你选择，谁对你的帮助更大？其实很多人会回答不上来，也就是说，首因效应和近因效应通常在一个人身上同时存在，只是适用的场合和发生的频率不同。

投资者容易受到近期结果的影响，心情跟着 K 线起起伏伏，时晴时阴，这就是近因效应的体现。但当我们太重视当下结果而急于求成的时候，步调就容易混乱。今天听到医药行业有利好就入场了，下周互联网、下个月房地产……，市场上的热点和新闻永远追不完，但你手上的棋子是有限的。频繁来回切换、急于求成，最后只会进退无措、徒劳无益。如果你看好一个投资机会，你至少要给他 2～3 年的时间和空间，这在 A 股上是比较重要的周期。

二、投资中的近因效应和首因效应

说完生活中的例子，我们再来看看投资，近因效应和首因效应又在怎样影响着我们的决策。

肯·费雪（Ken Fisher）的著作《投资丛林法则》中谈到，近因偏见让 2000 年的许多投资者相信，科技股会大涨；近因偏见让 2009 年的许多投资者相信，股市即将大跌。许多投资者自欺欺人地认为，2000 年，纳斯达克指数会沿着虚线上涨，或者 2009 年的股市会顺着虚线下跌。

近因偏见，以"最可能出现的情况"之名蒙蔽了多数人。事实上，股市是向着相反的方向曲折前进的。

1. 近因效应：三根阳线改变信仰

从我们身边和许多分析师、投资者的交流中发现，在投资中尤其是股市投资中，近因效应对人们的影响要远超首因效应。原因也很好理解，人们对拥有财富带来的精神刺激和快感是短暂的，你可能会因为一天前赚钱而沾沾自喜，但你绝不会对三年前的收益记忆犹新，所以很多人在投资中容易被短期记忆支配着决策。

2. 首因效应：P2P 的踩雷背后

首因效应更多的是发挥着广告营销第一时间侵占消费者心智的作用。

我们来回顾当年 P2P 是怎么把人带入坑的。银行利息年化收益率不到 2%，货币基金的利息年化收益率不到 5%。为什么横空出世的 P2P 打着广告说自己利息年化收益率 10%～20%，还有那么多人坚信不疑地"入坑"？

通过风险调查发现，P2P 的很多投资者都是保守谨慎型，风险厌恶者。但他们依然中招，那是因为当年 P2P 很多的广告都在销售梦想，把家庭幸福、有房有车、孩子教育等联系在一块儿，通过小区电梯广告、电视广告等信息，营造出 P2P 能带给你储蓄翻倍、未来可期的美好生活。P2P 的广告利用初始印象，偷换概念，让你主观地把投资 P2P 和实现梦想、买车、家庭幸福等画面画了等号，最后发现 App 上的数字就只是数字，根本兑现不了。目前为止，我只见过把钱丢进 P2P 拿不出来的，没见过有人靠 P2P 实现梦想的。在这种首因效应的坑中，很多理想主义者陷入了商家营造的假象中。

三、近因效应和首因效应的产生原因

近因效应和首因效应都是因为对人或事物的"印象"产生的影响，可能是第一印象，也可能是最新印象。为什么我们不能去全面地了解一件事或一个人呢？这两种效应产生的原因是什么？

1. 出场的先后顺序

曾经看到过一句话，"人生的出场顺序，很重要"。这句话无论用在工作生活还是投资上，都很合适。因为每个阶段人的心态不同，他看待事物、对待一切的态度也会产生差异。

首因效应会给人留下先入为主的印象，随着时间的推移，有些印象开始模糊了，而最近发生的事情、他的为人处世等如果与最初得到的信息不同，那么后面的信息更容易印刻在近期的大脑里，第一印象的影响因此削弱，近因效应明显增强。

2. 先后印象不完全一致

很多人忽略了一个细节，总以为近因效应和首因效应是一组反义词，那如果这个人或事，从始至终都是一致的呢？那是不是第一印象就等同于最新的印象了呢？但这种可能性较低，因为人都是善变的，随着环境的改变和年龄的增长，人的各方面也会产生变化。所以对他的第一印象形成以后，人们对交往对象产生了相应的态度与期望。过了若干年，不论他成功了或落魄了，他的生活环境其实都在发生变化。最近发生的事情与最初的判断和期望相反，很多人更愿意相信眼前发生的事情，并改变当初的态度与期望。

投资标的上也是如此。比如瑞幸咖啡，最初以中国新零售咖啡品牌问世，凭着物美价廉与时尚的品牌特质受到年轻人喜爱，然而财务造假事件却成为它的败笔。现在大家记住的，当然是后者。而像娃哈哈、农夫山泉这类纯水饮料品牌，在人们印象中没有太多负面消息，不论近因还是首因，也就没那么大的区别了。

3. 性格特点

在人际交往中，人的性格也会影响着两者的强弱。一般来说，性格较为开朗、外向的人容易受近因效应的影响，容易接受新鲜事物，喜欢享受当下带来的快乐；而性格比较保守、严谨的人,则相对容易受首因效应的影响。比如,最近很火的线上直播,吸引了很多名人参与进来。有两个很鲜明的例子,都是在生活中遇到重创,渴望在直播平台取得重生和突破的。一位是俏江南的创始人张兰,乐观洒脱,能言善道,她通过直播带货的方式,让很多人记住了她的带货商品品牌,获得了直播电商领域的新突破;章颖颖的父亲也想通过直播来改善生活质量,但他的不善言辞和愁眉苦脸,使得粉丝们都在留言评论,希望他能走出丧女之痛。所以,性格对近因效应和首因效应都会造成影响。当然,随着年龄、阅历的增长,我们看人或事都会更全面、更客观。

四、如何正确应对近因效应

首因效应在人际交往过程中是一把双刃剑,利用得巧妙会助你一臂之力。增加自己的学识,多和交流对象讨论共同兴趣和话题,像培训、销售这样的职业,会达到事半功倍的效果。

那么,投资中如何正确应对近因效应?

近因产生的偏见,概括起来无非两种情况:

①短期上涨→长期上涨→贪婪→买入
②短期下跌→长期下跌→恐惧→卖出

哪些方式可以正确应对这种"近因偏见"呢？

首先，要有平衡的投资组合策略。我们比较常见的就是股债平衡，还有各板块的平衡。根据市场情况来调整股债比例，保持资产配置的风险对冲。投资者不应该把投资决策中最大的权重放在最近发生的事情上，而是应该小试牛刀，观望一下再分批进入。

其次，学会钝感力。三思而后行，慢慢决策、慢慢反馈。我们需要明确的是，投资不是赌博一夜暴富，也不是小时工按小时结算报酬。投资就是长期的、反人性的行为。人的思维特点倾向于关注当下的热点，被一些热点、信息甚至谣言冲昏头脑的投资者比比皆是，而真正能不断产生回报收益的投资，都是有战略眼光、经过时间锤炼的。

最后，认清市场规律。省去了盲目跟风追热点的时间，多出来的时间就可以多看、多研究、多分析市场。了解市场的一些历史规律，比如 A 股 30 年来的几个重要事件节点：1999—2001 年的"519 行情"、2007 年的牛市 6100 顶点、2016 年的大跌、四次熔断等等。为什么会发生？这背后的时代背景是什么？后续发展是什么？抄历史的作业，能让你在未来投资中，以更清晰的逻辑、更通透的思维摸索一些市场规律。掌握不变的"大道"和常识，看清一些投资市场的趋势规律，了解一些标的特征和合理收益率，这其实也是在拓宽你的能力圈，尽量避免受到近因效应的影响。

小结

- 近因效应是指，最近获得的信息比原来获得的信息影响更大的现象。
- 首因效应是指，交往双方形成的第一次印象对今后交往关系的影响更大。
- 投资中的近因效应：三根阳线改变信仰。投资中的首因效应：P2P 的踩雷背后。
- 近因效应和首因效应的产生原因：出场的先后顺序，先后印象不完全一致，性格特点。
- 如何正确应对近因效应：平衡的投资组合策略，学会钝感力，认清市场规律。

相关人物

凯瑟琳·C. 埃克尔
Catherine C. Eckel

美国得克萨斯州农工大学经济学系教授,实验行为经济学家,其研究大部分由实证现场工作组成,聚焦于各种心理因素对一般经济计算的影响。

主要研究领域包括慈善捐赠,贫困城市环境中的合作,信任和风险承受能力,协调反恐政策,偏好和行为方面的性别差异,种族和性别。

第三部分

行为经济学的应用

第 11 章
杀死繁忙,专注少数且高质量的操作

专注20%的要事,避免80%的琐事。

——沃伦·巴菲特

从本章开始，我们开始第三模块的学习，即"非理性行为的解决之道"。我们将针对人们在金融市场中做出的非理性行为，给出合理化的建议。结合中国资本市场的实际情况和典型特征，给投资者一些方法。这一章主要探讨的内容为：为什么投资者每天投入了很多精力在股市上，却没有获得理想的收益？频繁操作和长期持有的区别在哪里？为什么要专注少数且高质量的操作？

巴菲特曾经给他的私人飞行员弗林特介绍过确定优先次序的三步走策略，我们一起来看这个实验：

第一步，巴菲特让弗林特在一张纸上写下他的前25个目标。

第二步，他让弗林特从中选出前5个。

第三步，他让弗林特把那20个没有选中的目标，放在"不惜一切代价也要避免"的清单上。

在第三步，巴菲特在排定优先级上展现了他的天才之处。在这一点上，大多数人只会专注于前5个目标，然后间歇性在其余的目标上投入精力。

但巴菲特没有，他建议弗林特："不管怎样，这些事情都不应该引起你的注意，除非你已经成功地完成了前5个目标。"

巴菲特的策略有几个基本事实：

20% 的优先级任务会占据我们结果的 80%，巴菲特最优先考虑的 5 个目标就是 25 个目标的 20%。

对我们时间真正构成威胁的，并不简简单单来自那些我们知道是错误的事情的干扰，而是那些"披着羊皮的狼"，这些事情会让我们感觉自己在努力工作，最终却不能改变现状。

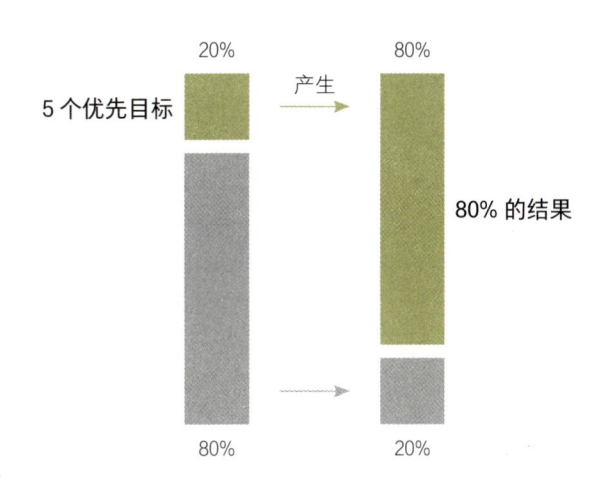

```
                    20%              80%
    5个优先目标  ▣    产生→      ▣
                                    ▣
                                    ▣
                                    ▣    80% 的结果
                ▣
                ▣
                ▣           →   ▣
                ▣
                    80%              20%
```

一、为什么说频繁操作是不良的投资习惯

作为一名投资者,你是否曾经有过,或是现在仍有频繁操作的投资习惯?

股票市场一直都有个魔咒,为什么在股市中赚到钱那么难?这是因为交易中压着三座大山:

每次交易,无法保证百分之百赚钱;

多次交易,无法保证持续赚钱;

更重要的是,亏钱比赚钱更容易。

不逾越这三座大山,就很难做那 10% 赚钱的人。那么,被视为"资本市场头号杀手"的频繁操作,具体指的是哪几种行为习惯呢?

第一种是追涨杀跌。顾名思义,看到涨的股票就杀进去买入,看到持有的股票跌了就立马退出,以为这样可以规避风险。实际上这种行为是最容易被打脸的,追涨很容易高位套牢。首先你要能够选出相对历史行情来看价格被低估的个股,并且关注资金流向,在机构和大户资金流入、主力持仓线稳步攀升时,兴许还能搭上顺风船。如果你做不到或者没那么幸运,就只能成为倒霉的接盘侠了。

同样,见到股价大幅下跌就急于卖出,也是盲目的动作。一只股票之所以从高位下跌,无非是因为大家都不再看好后市,对股价未来走势的意见有分歧,看空的人逐渐增多了。但实际上

真正能够对股价产生巨大影响的只有机构和大额资金，他们有策略、有计划地撤退时股价可能短时间内还在上涨，但有些散户就是后知后觉，在主力资金拉高出货时还在不停地接盘。左右不逢源，来回无效劳动，赚的钱还不够交手续费的。

第二种是频繁换股。投资者对陌生的东西总是充满好奇心和探索欲，所以他们总喜欢频繁换股来测试某只股票的赚钱能力，但实际上这种行为也是不可取的。陌生的东西充满着不可预测的风险，因此，频繁换股增加了投资者对于股市的陌生感，结局很有可能是"一买就跌，一卖就涨"。

从心态上来分析这种行为，就是对于自己手上持有的股票，嫌它涨得慢甚至还亏钱，同时希望快速骑上暴涨的大牛股。所以总是在热点主题上来回切换，看到最近某个热炒的概念，比如元宇宙、芯片等，就立马杀进去了。隔几天遇到了调整，又怀疑自己是否买错了，开始跳到新的热点上。殊不知，市场的热点是永无止境的，而你的本金和精力却十分有限，结果曾经买过的潜力股成了大牛股，自己却没踩准时机，最后两头落空。

最后一种是分散投资。理财产品广告中总会提到，鸡蛋不能装在一个篮子里，要进行分散投资。很多人只理解了表面意思，不能投1~2只股，那我买5~6只总可以了吧。实际上这种想法是错误的，落入了商家的圈套。你知道分散投资的原因是什么吗？我们知道投资会有周期，不同时期的经济状况往往不一样，从长期投资来看未来永远是未知数，需要建立组合性的投资策略来对抗风险。所以，我们要根据不同的时区，来持有不同比例的组合，比如周期行业的股票、价值型股票、成长型股票或标的资产类的股票，来对抗经济的过热、衰退或复苏。而大多数人理解的分散性投资，都是单凭喜好，今天我买点A，明天我买点B，A和B往往还是同一类型的标的。往往造成赚钱的时候可能是2倍，亏钱的时候可能是3～4倍的现象。所以，对分散投资的错误认知也会造成投资行为的偏差。

二、频繁操作和长期持有的区别

一直以来我们给大家灌输了"长期主义"的投资策略，但很多朋友在熊市中想及时割肉止损，频繁操作。进进出出之间，因为受到贪婪、恐惧等人性弱点的影响，容易出现失误。而长期投资可以帮助大家培养从容耐心持有的理念和习惯，淡化情绪影响。我们从几个方面总结长期持有和频繁操作的区别，看完之后，你自然会选择更适合自己的投资方式。

首先从情绪影响来看，我们在短期交易中经常会发生这样的现象，涨了3～5个点，就进入了充满"满足感"的状态中，想着今天的零花钱赚到了。当遇上市场飘绿了，因为恐惧就立马割肉止血。频繁操作的背后是什么，是情绪的波动，是受到人性弱点的影响，容易带着感情去分析行情。

其次从交易成本来看，股票交易和基金交易基本上都需要手续费，我国目前市场上的基金基本都是持有的时间越短，需要的赎回费用越多。频繁地进出，会大大增加申购、赎回的成本。你要明白每增加一次申购、赎回，就多一次的手续费支出，主动降低了自己的收益率。从交易成本来看，长期持有肯定是占优势的。

最后从盈利概率的角度来看，频繁操作的本质就是择时，短期内可能会使投资者通过低位买入，高位卖出，赚取一定的收益。这需要对趋势有准确的把握，但投资这件事没有谁能 100%准确预测，一旦失误，就会变成追涨杀跌。从概率学角度来说，越是短线交易，不确定性越高。当你把时间线拉长到 3 年以上，短期的波动影响就会减弱，盈亏的概率就会由这只股票背后的上市公司及其所在的行业在这段时间的发展、经营状况和行业前景来决定，这就是时间的魅力。

三、专注少数且高质量的操作

生活中，对我们的时间真正构成威胁的是那些"披着羊皮的狼"，那些看似我们很努力，却不能改变现状的工作。

所以，我们需要聊聊，为什么要教导大家专注于少数且高质量的操作。

因为我们的精力有限。一个人能取得成就最大的因素，就在于他的"专注力"。你观察一圈周围的人会发现,能集中精力把一件事做好的人,往往每件事都能办成,因为他已经养成了这样的习惯。很重要的一点体现在划分优先级上,我们最重要的20%的任务,会占据了我们结果的80%,而另外80%不太重要的任务,产生了另外20%的结果。这是非常经典的二八法则,你可以回忆下,是不是我们最重要的客户、最重要的投资标的或者最重要的少数几位朋友,对我们的结果产生了最重要的影响。

在确定这个结论之后,我们需要做的,就是把复杂的问题简单化,让事情保持在一个简单且清晰的状态上。工作生活上是如此,投资上也是如此。长期持有,就能大大降低择时带来的困扰。巴菲特目前持有的五大核心股票品种,持有时间平均超过20年,这也为他带来了身价一半以上的财富回报。他还提示了我们一点,最好的投资是投资自己,把投资建立在知识的基础上,去学习一些10年或20年之后能让你变得更聪明的东西。研究一家公司,我们也需要花时间去读懂它,看它能不能经过市场的考验。我相信,频繁操作的股民朋友,肯定没有完全吃透一家上市公司。如果都是跟风的行为,怎么可能轻易赚到钱呢?

另一个关键点在于"少数且高质量"。我们会发现,好的投资标的很有限。有些公司的质地很好,但它却可能遇到不可抗力的外部影响。比如2022年上半年的海康威视受到美国政府的制裁,消息一出,股市受到了不小的影响。我们来看下有关海康威视的消息爆出后接下来几天的盘面情况:

5月5日，海康威视开盘一字跌停，截至收盘仍处于跌停板，收盘报价为38.24元。

5月6日，海康威视低开低走，盘中多次跌停，最终以34.80元收盘，跌幅9%。

5月13日，海康威视总市值下跌超过8%，总市值跌破3000亿元。

作为视频监控领域的绝对龙头，海康威视被投资者视为"安防茅"，受到各路资金宠爱，各家机构也纷纷看好，给出"买入""增持""强烈推荐"等评级。如果你要问海康威视是不是一家好公司，肯定是。但是它是不是好的投资标的，目前来看不是。至少从账面上来看，它无法给正在持有它的投资者理想的回报。

最后，我想把巴菲特眼里的"好股票的标准"分享给大家：有卓越的经理人、强大的竞争优势、拥有定价权、无须额外资本投入、品牌价值。

也就是说，公司要有优秀的职业经理人及创始团队带领公司前进；要有强大的市场竞争力和定价权，证明它在行业中拥有一定的地位，别家无法撼动；在任何持续期内，不用拿出股权再做融资，可以靠自身经营取得理想的回报，在财务上是良性循环；拥有被人们所认可的品牌美誉度及商业价值。

小结

- 频繁操作是资本市场的头号杀手，投资者要专注少数且高质量的操作。
- 投资中的频繁操作：追涨杀跌、频繁换股、分散投资。
- 频繁操作和长期持有的三个区别：情绪影响、交易成本、盈利概率。
- 为什么要专注少数且高质量的操作：精力有限，高质量的投资标的也有限。

相关人物

沃伦·巴菲特
Warren E. Buffett

毕业于哥伦比亚大学,美国内布拉斯加州人,全球公认的"股神",全球著名的投资商,从事股票、电子现货、基金行业,现任伯克希尔·哈撒韦公司 CEO。

沃伦·巴菲特作为世界上赫赫有名的投资大师,其投资生涯成就累累。从 1965 年至 2021 年,巴菲特旗下的伯克希尔·哈撒韦公司年化收益率高达 20.1%,远高于标普 500 全收益指数的年化收益率 10.5%,这一延续半个多世纪的业绩举世瞩目。巴菲特的成就不仅体现在投资收益率上,其投资理念——一家公司的护城河、特许经营权、挖掘被低估的股票、减少频繁操作等与众多经典投资案例更是广为流传。

第12章

面对选择,做大概率事件的投资

> 投资是一个概率游戏,不存在稳赚不赔的投资策略,投资的本质是寻找大概率正确、可复制的决策方式。掌握了大概率正确、可复制的决策方式的投资者,可以和时间做朋友,大数定律会帮助其获得很好的投资回报。
>
> ——梁宇峰、吴慧敏《常识的力量》

假设你拥有一套大概率正确,并且可复制的投资策略,这套策略每次正确(挣1元钱)的概率能达到70%。如果只投资一次,你赔钱(赔1元钱)的概率还有30%;如果投资5次,赔钱的概率只有16%了;如果投资10次,赔钱的概率只有5%了;如果投资20次,赔钱的概率只有2%。如果投资100次,那你几乎是百分之百能挣钱了。

反过来,如果某一策略每次决策正确的概率只有30%～40%,那么决策10次、20次甚至100次之后,你大概率会赔钱。

投资的本质,是寻找大概率正确、可复制的决策方式。

一、人需要有概率的常识

法国数学家皮埃尔·西蒙·拉普拉斯（Pierre Simon Laplace）有句名言："生活中最重要的问题，绝大部分其实只是概率问题。"生活中有一些绝对的事情，比如太阳绝对是从东方升起的，夏天绝对比冬天要热。但剩下大部分的事情，都存在着"可能""有时"等不确定性。

那概率是什么呢？概率是指一个事件重复发生时某种潜在结果发生的频率，也就是结果 A、结果 B、结果 C 等各自出现的频率是多少。当事件可以在同样条件下多次重复观察时，该事件的概率可由出现的频率来决定。看起来已经非常确定的事情，在具体执行当中也会有各种可能性出现，如果从数据去量化这种可能性，我们把它叫作概率。进入重点高中的同学，上重点大学的概率就会比普通高中要大；气象预报播报，明天下雨的概率是70%，也是通过历史数据推测出的概率；小张目前已经是总监级别，也是公司老员工了，那他晋升副总的概率肯定比普通员工要大。如果我们想对社会上的关系网有基本的认知，想预判一下自己的选择和需要投入的精力，那么我们通常都需要用到概率。

概率学的背后有几个重要的要素。第一，要有依据，将历史中重复出现的数据作为依据；第二，要有数据，这种情况多次发生过，必须用数据量化计算；第三，非必然发生，即便算出来是大概率事件，但依然有不发生的可能。

投资中面临的很多选择，也和概率密切相关。很多投资者急功近利地寻找准确答案，似乎一定要掌握明天哪只股票能涨，哪只股票能跌。股市充满着变化和不确定性，幻想着一夜暴富终归是不切实际的。说白了，投资就是一场概率学的游戏，而我们要做的也很简单，就是去做大概率的选择。

二、投资中的大概率事件

介绍完了生活中的大概率事件，我们要来探讨下，投资中的大概率事件是什么？怎么做，我们才能取得超额收益？

超额收益就是指比市场平均水平多获取的那部分收益。比如你在 A 股投资了某只股票一年下来赚了 15%，沪深 300 指数涨了 10%，那么你就获取了 5% 的超额收益。下面总结了几个投资中的大概率事件，你有没有参与过呢？

打新股。打新股本质上就是一种量化投资，批量持股，无脑申购，无脑卖出，就是大概率的投资取胜。因为目前 A 股上市就破发的情况极少出现，所以打新股就被投资者视为能赚钱的大概率事件。根据数据记载，2019 年 A 股打新年化收益率达到 9.4%，创业板打新年化收益率更是达到 10% 以上。

对比总金额来说，为了中到 2000 元的一手新股，你可能整体投资金要达到 20 万元起步。如果你中的只是 2000 元，10% 就是

200元，对比20万元，收益就变得很低了。但是从打新的收益角度来看，它是一个大概率的确定性事件。

增强型指数基金与指数基金。从历史数据上来看，当市场行情比较好的时候，增强型指数基金大多数情况下能跑赢对标的指数基金，为投资者赢得超额收益。因为增强型指数基金是在指数基金的基础上，通过基金经理的主动筛选优化了持仓结构，80%是抄指数作业，另外20%主动操作，排除了价格虚高、基本面较差的个股。比如，80%配置沪深300指数，剩下20%的仓位，基金经理做主动的仓位调整，尝试能够超越沪深300指数。所以，这又是一种大概率事件。

在市场低迷时买入并长期持有。很多人有疑问："怎么大跌的时候还在看多？"其实我也反复强调，底部能让我们用更便宜的价格买入。但为什么那么多人做不到，还总是怨天尤人？说白了，还是因为市场的情绪和消息所致，越是震荡的时候越是各种谣言满天飞，很多人的内心经不起这种考验。其实根据均值回归理论，我们都应该明确地知道，在筑底阶段买入并长期持有，再到高位卖出，是一门稳赚不亏的生意。只是大多数人都是抱着急功近利的心态，想以最快的速度赚钱。

市场底的时候，买哪些股票相对正确？市场筑底期有时候会长达1~2年，这期间还会有波动调整，并不能保证立马赚钱。那这种时候，我们认为被错杀的绩优股、有政策大力扶持的"稳增长"行业，所谓被错杀的绩优股，就是在熊市中，王子落难变青蛙了，股价被严重低估时可以买入；每次市场大跌时，以白酒为代表的大消费板块也会深度调整，但是一旦行情转暖，这些板块就会成为最为确定的投资机会。这似乎已经形成了一种心照不宣的默契。

三、找出大概率事件的策略

通过以上几个大概率事件的典型案例，想必大家都有了基本的了解。我们要通过个例来探索共性的问题——找出投资中大概率事件的有效策略。梁宇峰、吴慧敏在《常识的力量》中分享了一些投资者常见的心理误区以及投资的本质。

逻辑自洽。每当做投资的时候，你都要考虑价值投资的决策逻辑，公司股价和公司价值是天平两端，股价这端低了，投资者选择买入；公司估值这端低了，投资者选择卖出。而现实却容易发生买卖逻辑矛盾的现象。投资者往往用了基本面方法来选股，却用了技术指标来择时，导致投资回报率比预期要低。我们需要在理性、客观、系统分析的基础之上，从最初的研究、买入并持有某只股票，到最后的卖出，这当中的每一个决策环节的思考过程，都形成严格的逻辑自洽，否则很容易进行矛盾的操作。如果你的投资逻辑能够形成一个严格自洽的闭环，就能正确应对市场波动。在这里分享一个巴菲特选股的重要逻辑，就是 ROE 指标，也就是净资产收益率指标。ROE 大幅上涨的三种模式：茅台模式（高利润率）、沃尔玛模式（高周转率）、银行或地产模式（高杠杆率）。

回测合格。样本的回测也是一个重要标准，因为很多投资者都会错把运气当能力，把小概率事件误认为是有效的策略。经常会听到投资者说，他曾经根据某种投资方法，在特定时间段里凭着某只股票赚过很多钱，所以盲目相信这个方法是有效的。但实际上，如果我们把这种投资方法运用到大样本反复进行检验，可能会出现亏损的情况。这是投资者存在的侥幸心理在作怪，成功的个案并不能说明它是有效方法，也许恰好是乘上了市场环境的东风。所以，一次成功的策略需要反复地推导，才能真正悟到其中的规律。

符合未来趋势。最后要说的是，回测检验合格也只能代表这个策略在过去奏效，而未来是否继续有效还得看它能否适应市场的变化。展望未来，投资者会趋向理性，机构投资者也一定是秉持着价值投资理念的。比如，2017 年以前小盘股的溢价泡沫在 A 股中经常存在，但随着市场的发展，多层次的资本市场逐步构建完善，外资的配置比例也在提高，加上注册制的全面改革，股票投资越来越注重这家上市公司的基本面，所谓的"壳资源"越来越不值钱，并且照这个趋势，"壳价值"只会逐渐消失。

所以，类似小盘股溢价这样的小概率事件只能属于过去有效，当下或未来是否有效，还要看资本市场的发展规律。

四、价值投资是有效的投资策略

为什么说价值投资是有效的投资策略呢？因为从长期来看，价值投资符合逻辑自洽、回测合格和符合未来趋势三大标准。

首先，价值投资的逻辑自洽是严密的。价值投资者寻找被低估的股票，这是价值投资者买入股票的原因。而卖出的原因有几种：一是当公司基本面发生恶化的时候，现金流或利润率不具备可持续发展性；二是当股价高于公司价值的时候，也就是股价出现泡沫时选择离场。这就形成了价值投资者的一个公司基本面、内在价值、股票价格的三角关系，是严格的逻辑闭环。

其次，虽然并没有专门机构对价值投资进行量化的回测检验，但我们来看历史上诸多取得不俗战绩的投资大师，本杰明·格雷厄姆（Benjamin Graham）、沃伦·巴菲特、查理·芒格等，都是价值投资者。格雷厄姆在公司20年的经营期里，年收益率比股市的业绩表现高出2.5%，即使在华尔街的历史上，也只有少数人能打破这个纪录。而且以巴菲特自1957年以来的投资收益率来看，除了2001年和2008年受到互联网泡沫破灭和美国金融危机影响投资收益率为负，其他年份均为正。60年来，平均收益率维持在20%以上。相反，我们却很少听到哪位趋势投资的大师，能晒出自己的收益回报，分享自己的核心投资逻辑。

最后，资本市场未来会越来越理性，纯粹炒概念、炒主题的投资方法会逐渐被边缘化，因此成熟的市场，投资者该更加注重公司基本面和行业前景。综上所述,价值投资毫无疑问是符合有效投资策略的,也正是我们寻求的大概率正确、可复制的投资方法。

✓ 小结

- 投资的本质:寻找大概率正确、可复制的决策方式。
- 投资中的大概率事件包括:打新股,增强型指数基金与指数基金,市场低迷时买入绩优股并长期持有。
- 找出大概率事件的策略:逻辑自洽,回测合格,符合未来趋势。
- 价值投资是有效的投资策略:长期来看,价值投资符合逻辑自洽、回测合格和符合未来趋势三大标准。

相关人物

科林·F. 卡麦尔
Colin F. Camerer

美国行为经济学家,加州理工大学企业经济学教授。

研究领域为神经经济学,是该领域的领军人物之一。神经经济学是行为经济学的分支,主要研究决策的生物学基础,利用心理学原则以及数以百计的实验研究来建立有关互惠行为、有限策略选择以及学习过程的数理化理论,这有助于推断真实世界中的个人或团体在各种策略条件下会如何行动。

他的经典著作《行为博弈》被认为是神经经济学研究史上的里程碑。

第13章
羊群效应：如何避免从众心理

> 人们的行为都具有从众性。稀缺是导致从众行为的因素之一。当人们不确定应该做什么事，他们会认为其他人掌握了自己没有掌握的信息，然后就按照其他人的方法行事。
>
> ——刘磊《羊群效应》

这几年，所谓的炒车厘子、炒大蒜现象，就是羊群效应的结果，都是盲从惹的祸。

一群羊前面横着一根木棍，第一只羊跳了过去，第二只、第三只也会跟着跳过去。这时，把木棍撤走，尽管拦路的木棍已经不存在了，但羊群后面的羊走到这里，仍然会像前面的羊一样向上跳。

在外部条件变化的情况下，后面的羊并没有及时做出改变，依然盲目模仿领头羊，在心理学领域，这被称为"从众心理"。

法国科学家让－亨利·卡西米尔·法布尔（Jean-Henri Casimir Fabre）曾经做过一个实验，这个实验后来被称为松毛虫实验。在这个实验中，法布尔将许多松毛虫放在一个花盆的边缘，让它们首尾相接，绕着花盆围成了一个圈。然后，他又在距离花盆不远处，撒了一些松毛虫喜欢吃的松叶。有趣的现象发生了，松毛虫开始一只跟一只地绕着花盆走了一圈又一圈，每一只都紧跟在前面那只松毛虫后面。整个过程整整持续了七天七夜，饥饿劳累的松毛虫最终都因没能吃到松叶而死掉了。实际上，只要这一队松毛虫中的任何一只，稍微改变一点路线，走出这个无限循环的怪圈，就能吃到旁边不远处的松叶。

为什么松毛虫直到死亡都没有走出无限循环的怪圈？其实就是因为羊群效应。

一、人类出现"羊群效应"的原因

说到这里很多人可能会嗤之以鼻,人类的智慧怎么在和动物比呢?但你留意一下身边就会发现,"羊群效应"无论是在我们的生活中,还是投资中都随处可见。

最常见的就是朋友的消费行为会对我们的购物心理不自觉地产生影响。比如和好朋友们购物,他们在商场里买了很多东西,你会受到影响,"不买不好意思吧,看着也挺喜欢的,那就买上几样东西吧",这是一种羊群效应。

还比如孩子上兴趣班。你看到邻居家几个孩子都报了钢琴班,同班同学报了小提琴班,那你自然会想,"我的孩子不能输在起跑线上!要不要也学一门乐器傍身呢?"这又是一种羊群效应。

而在投资上,投资者也很难排除外界的干扰。往往人云亦云,什么行业热,别人投什么,投资者就跟风而上。即使随着社会的进步和发展,科技日新月异,但"羊群效应"这种心理状态却一直保留下来,原因可能有以下几个:

模仿是人类的本能。新人要取得成功,最快速的方法就是模仿成功者,可以少走弯路。模仿现成的事例,前期投入的时间和成本也较低,如淘宝、腾讯、滴滴,刚创业时多少都有模仿的痕迹。像李书福当年创办吉利的时候,也是把日产车的零部件全部拆开,再逐一模仿。

人从古至今都是群居动物,想要融入社会中的某个群体,适应新环境，首先最重要的就是合群，也就是从众。比如我们新到一家单位或组织，肯定要想方设法融入部门，和领导同事搞好关系。

中国文化讲究中庸之道，不左不右，不上不下。特立独行的人有可能变成"出头鸟"而受到排挤，因此出于安全感的考虑，大部分人都会选择从众。东方人骨子里还是相对保守的，少部分另类的人很容易成为被议论的对象。

但是对大多数事物，我们都应该以辩证的思维去看待和理解，羊群效应也是如此。不能一棒子说羊群效应就是错误的，因为在行为上，它既发挥着正向能量，也留存着负向能量。

二、去芜存菁：关于正负向的羊群效应

在投资行为中，羊群效应的特质可以归纳为以下几点：一是率先做出决定的领袖型投资者或专业机构，对市场上大多数人都会起到一种表率作用；二是这些决策并不一定是完全正确的，可能会导致错误的影响，也就是亏钱；三是"羊群"一旦发现错误后，就会根据最新消息做出相反的决策，导致新一轮的从众行为。

总结一下羊群效应在投资方面的影响：

盲目地相信某些人；
模仿导致决策出现错误；

追随趋势后放大波动。

"羊群效应"分为理性的"羊群效应"和非理性的"羊群效应",关键取决于从众过程中羊群自身的思考和判断。

1. 理性的"羊群效应"

首先我们来聊聊理性的"羊群效应"。怎么理解呢?套用小米创始人雷军的话来说,就是"站在风口上,猪都能飞起来"。顺应外部的环境变化,因势利导,顺势而为。我们可以回顾下中国这30多年改革开放的经济发展史,20世纪90年代的房地产掘金,21世纪00年代的初代互联网企业的崛起,再到21世纪10年代的各种平台经济(视频、外卖、出行、旅游)遍地开花,到现在生物科技、新能源汽车、新基建的发力……每个时代其实都有属于它的符号,很多有想法的年轻人也确实能在时代的浪潮中取得更高的成就。我们投资也是一样,"跟风"可以让我们把精力聚焦在某几个重点上,缩小判断范围。比如在掌握了最新的利好动向后,就投入在某个领域或某个赛道上,着重加深这方面的研究和耕耘。当然,发现是第一步,非常关键,而后续你自己理性的判断也得跟上。

所以,我们首先需要确认趋势的实在性;其次,对趋势中的个案进行仔细分辨。

判断的一些基本依据包括:这个行业的前景是真的好还是只会昙花一现?如果买入了,可能会遇到什么风险?是否需要寻找其他行业的标的来进行风险缓冲？比如十几年前，4G 刚开始火的时候，形成了 O2O 的模式。前面已有在线外卖、在线叫车在今天的广泛使用，大大降低了双方的运营成本。但上门理发、美甲都是一对一的服务，形成不了规模效应，反而因为路途上的时间付出和交通费用开支增加了成本。所以即使 O2O 是广泛流行的趋势，也会存在失败的个例。具体到某一个投资项目，能不能享受到趋势带来的红利，这对投资者的判断是有要求的。

你需要认真追问自己的是，标的企业的财务数据、现金流、业务模型、主要客户和产业上下游投资者是否真的了解？所谓羊群效应，领头羊也只是半个"师傅"，修行还得靠个人。在顺势的基础上，投资者能做出自主的判断和有效的策略，那么大概率能达到符合预期收益的目的。

2. 非理性的"羊群效应"

非理性的"羊群效应"投资者，在市场中也有不小的比例。从 20 世纪 90 年代炒股兴起开始，那时候还要去柜面操作，你就会发现交易所大厅或是门口总是人群扎堆，少则 5~6 人，多则 8~10 人，多为退休的阿姨叔叔或自由职业者，我们称这种扎堆议论为"股市沙龙"。讨论什么呢？所谓的"内幕消息"，明天哪只股票会涨、哪只股票会跌……到现在这种情况依然没有消退，只不过科技进步了，大伙改为网上讨论，而不是扎堆结伙了。

那么这群人，真正获得内幕可靠消息的可能性有多少？真正的金融从业人员会不会冒着职业风险,去散播小道消息?这些圈外人,只是以讹传讹,自娱自乐罢了。

巴菲特之前就说过,我几乎不参加华尔街的聚会。那里太过于喧嚣和吵闹,也得不到有价值的信息。所以他宁可躲在自己的家乡——宁静的奥马哈小镇,拒绝与大都市的金融人士接触,就是为了养成自己独立判断的习惯和能力。有趣的是,奥马哈小镇反而因为他变得蜚声在外,每年有不少游客慕名前来参观。巴菲特凭着一己之力,成了羊群效应中的"领头羊"。有时候就是如此,过于依赖外界来判断一件事物,希望少花力气多赚钱,久而久之反而会失去自我判断的能力。

三、如何避免掉入"羊群"陷阱

在了解了羊群效应的正反作用后,我们又该如何避免陷入"羊群效应"的圈套呢?我认为,还是要在平时下功夫,关键时刻才能从容淡定,保持独立的思考。

1. 宁可错过,不要做错

首先,我们做任何事先要设立底线。投资的底线是什么?那就是保住本金,规避亏钱的风险。那么,对于股市中一些不确定的机会以及不了解的标的,我给大家的建议是,宁可错过,也不要盲目冒险。这也是彼得·林奇和巴菲特一直坚守的重要原则。人这一生只可能赚到你认知范围内的钱。那些靠运气赚到的钱，最终往往会靠实力输掉。所以，如果有人让你买入一只你不了解的股票，那你就摇摇手，一笑置之吧。再参照一条巴菲特在投资方面的准则，就是"不要亏钱"。当你遇到悬而不决、可投可不投的时候，我还是建议你选择放弃。

2. 明确心理账户，把投资目标化

在现实中，人们会在脑子里设立各式各样的账户，比如把工资分为好几份，有的用于生活开销，有的用于储蓄，有的用于投资。实际上同样的钱在不同的账户、不同的心理预期下，带来的感受和满足都不尽相同。仅投资这一块，我们也需要设立心理账户，有明确的止盈、止损点，不然就很容易忘了投资的目的是什么。比如我有一笔钱就是为了父母养老的，稳健类的保守投资就可以。那我就要做到果断放弃高风险的杠杆投资，适当降低股票的比例，把投资重点放在混合类或债基的银行理财上。这样反向思考问题，明确我这份钱是做什么的，达到什么预期就不容易被别人牵着鼻子走了。

3. 不被情绪搅扰

有个有趣的现象，相比熊市里投资者捂着口袋观望的态度，牛市散户更容易形成强烈的羊群效应。他们互相抱团，互相壮

胆，把市场推上新高。而这恰恰是一个转折点，当市场都认为是一个绝佳投资机会时，市场的顶部才会最终出现，继而出现重大的调整。"羊群效应"就是很多追涨杀跌情绪的始作俑者。所以，投资并不是江湖论战，不要讲究什么兄弟情义，尽可能抛开情绪干扰。况且很多人为了面子只会说自己赚钱的好事，而隐藏自己亏钱的坏事。

在投资这场博弈的游戏里，真真假假、孰是孰非，都需要靠时间来检验。一定要具备独立判断的能力，不要去人云亦云，热闹之后发现钱没赚到手，只剩下了一场寂寞。

无论是金融学家还是投资专家都会把市场看作是一场充满不确定性的游走。市场也是一位喜怒无常的先生，没有人能百分之百地准确预测未来的上涨或下跌。但有些散户却盲目地跟从，拿昨天的上涨赌明天的走势，拿他人的成功赌自己的账户，这样得到的结果肯定是喜忧参半的。

投资的过程，其实也是我们和人性较量、自我历练的过程。想要和"羊群效应"说不，我们要学会自主判断，学会接受挑战和问责，也要勇于为自己错误判断承受后果，关键是过程中耐心的培养和经验的积累。另外，我觉得大家可以关注别人没注意到的市场空缺，这些股票往往会跑出黑马。人人都知道茅台是家好企业，但高股价却让人望而却步。我们要做的，是去挖掘下一个"贵州茅台""宁德时代"，这样无论是收益还是成就感，都会远远大于从众的行为。

小结

- "羊群效应"是比喻人的一种从众心理,从众心理很容易导致盲从,而盲从往往会陷入骗局或遭到失败。

- 造成"羊群效应"的原因:模仿是人类的本能,人从古至今都是群居动物,中国文化讲究中庸之道。

- "羊群效应"的分类:理性的"羊群效应"和非理性的"羊群效应"。两者的区别在于从众过程中羊群自身的思考和判断。

- 如何避免掉入"羊群"陷阱:宁可错过,不要做错;明确心理账户,把投资目标化;不被情绪搅扰。

- 怎么和"羊群效应"说不:要学会自主判断,接受挑战和问责,勇于为自己的错误判断承受后果。

相关人物

乔治·罗文斯坦
George Loewenstein

美国科学院院士,卡耐基-梅隆大学(CMU)行为与决策研究中心主任,社会与决策科学系教授。被认为是行为经济学、神经经济学、判断和决策制定领域的领军学者。

他对行为经济学的主要贡献之一是提出了"冷热共情差距",这是一种认知偏差,指人们在冷静的时候不能想象自己在情绪激动(也就是处在"热"的状态下)时情绪会发挥多大的作用;同样在"热"的状态下,也无法意识到情绪对决策产生的巨大影响,即人们低估了本能驱动对他们自己的态度、偏好和行为的影响。

第14章
马太效应：摆脱魔咒，从当下开始

> 凡有的，还要加给他，叫他有余；没有的，连他所有的都要夺取。
>
> ——《圣经·新约·马太福音》

马太效应翻译成大白话就是，强者恒强，更准确一些是强者更强。

马太效应最初源自《圣经》中的寓言故事，一个主人拿了三份金子给三个仆人，最后夺走了什么都没干的仆人，把他的那份给了最卖力的仆人。这个故事简单解释就是，好学生越来越好，差学生越来越差。一代人实力较强，可能他后面世世代代都会越来越强；一代人实力较弱，可能他后面世世代代都会越来越弱。该效应最早揭示了人类社会最为残酷的生存定律，以及固有阶层带给我们的很多限制。

一、马太效应在生活中的启示

生活中，你是否会经常有这种感受：一步领先，则步步领先；一步走错，则满盘皆输。下面几个场景，你可能或多或少都遇到过：

通勤路上，当你出门早，恰好赶上一趟车，你发现到达公司的时间比平时早了好多。相反，你出门晚了，会发现每个路口都碰到红灯。

职场中，获得领导赞赏的同事或部门，你会发现他们的资源、成就以及价值也是跟着倾斜的。相反，干不出成绩的部门资源也会逐渐减少，最终可能出现人员被优化甚至部门解散的情况。

在投资圈也是这样。同样一个观点，知名投资人和不知名投资人同时发表，人们对待他们的态度会有天壤之别。通常人们喜欢把鲜花和掌声送给声名显赫的那位。

二、投资中马太效应带来的影响

这种"赢家通吃"的效应在经济学中也得到了印证。从投资学的角度看，马太效应让强者越强，弱者越弱，富有的更富有，贫穷的更贫穷，形成了明显的两极分化现象。这反映了资本的复利效应和规模效应。一个有一千万元的人,哪怕只是赚取十个点的收益,就是一百万元;而只有十万元的人,想要获取一百万元的收益,则需要增长十一倍。也就是说,在资本的天平上,更多的财富资源会自动倾斜于资本更多、投资能力更强的企业和个人。下面我们来分析几个典型的场景:

A股强弱分化明显。大概从2017年开始,A股市场的马太效应就已经逐步显现,并且愈演愈烈,到现在强弱分化几乎已经扩散到多个角落。从价格体系上来说,头部效应已经十分明显。A股里的"股王"贵州茅台、创业板里的"股王"宁德时代,它们的走势对整个大盘指数的走势都会产生很大的影响。

从百元股指数和低价股指数的对比来看,两者的剪刀差收益已经超过了40%,前者跑赢A股的主要指数;而后者则在平盘位置苦苦挣扎,几乎没有交易机会。特别是现在进入注册制改革后,尾部的公司越来越无人关注,差距显而易见。

公募基金圈头部品牌效应显现。我们所熟知的基金公司,其中知名的、业绩比较好的基金经理手握的都是几百亿的盘子。他们的一个决策极有可能引起市场的一阵骚动。即使在2020年公募基金势头最猛的时候,仍然会有十多家小基金公司"颗粒无收"。这些头部的基金公司掌握了大部分的市场份额,拥有很多优秀的基金经理,这些基金经理中,每年总有几位能在市场中脱颖而出。这些头部的基金公司每年能有很多市场营销的预算及宣传热点。而小的基金公司,不管从市场、人才和资源来说,都远不及头部机构。这就形成了公募基金圈的"马太效应"。行业竞争非常激烈,金字塔尖的人收入水涨船高,因为"雪球"已经滚起来了,并且越滚越大;而小的雪球可能一滚就散了,业绩不佳的从业者就很有可能面临转岗甚至离职的问题。

那么,弱者有没有逆袭的机会?很多人想到一个寓言——"龟兔赛跑"。骄傲自大的兔子在赛跑途中打瞌睡,行动缓慢的乌龟依靠坚持不懈,后来者居上战胜了兔子。回到商业竞争中,新晋企业在自身努力的同时,还要等待龙头公司犯错的机会,这样的机会不能说没有,但短期之内比较渺茫。

对于我们普通老百姓来说,如何在人生路上,去突破固化的社会阶层,取得实质性的进步呢?这是我们需要思考的问题。

三、马太效应和均值回归效应的对比

均值回归是在投资市场中经常出现的关键词,即高位股票一定会下跌,低位股票一定会上涨,只是时间长短罢了。而马太效应推崇的则是,高位股票会越来越高,低位股票会越来越低。

那这中间到底有什么联系和区别呢?其实,两者都是资本市场经常出现的现象。马太效应是指一段时间内,股票价格上涨会持续推动价格上升,下跌则会导致进一步下跌,是短期的一波行情。一旦形成市场的统一认知后,股价就会疯狂地往上涨或下

跌。而均值回归效应则是指，一段时间后，价格上涨或下跌过多的股票，会呈现出平均值回归的趋势，时间上更倾向于2～3波行情，均值回归是对第一波行情出现的偏差做出修正。所以一只股票如果前期走势处于平稳的状态，那就是均值回归效应，是"基本面＋信仰"；到了后期逐渐走强，那就是属于马太效应，是"基本面＋故事"。所以，这两种效应可能发生在同一个投资标的上。

四、把握当下，投资自己，寻找新的生存空间

1. 从当下开始，注重原始资本的积累

古话说"千里之行，始于足下"，与其许下多么宏大的心愿说自己五年后要赚多少钱，不如把眼光放在当下，脚踏实地做好原始财富的积累。从现在开始，拼事业，做储蓄，做投资，为五年后的自己努力。

举个简单的例子，我们都知道房地产市场有几个分水岭，最早的应该出现在2002年前后。2002年之前，一线城市的房子每平方米都没有过万元，大部分人还住在单位分配的公房里，那时候也没有商品房住宅的意识。可当时就有部分人咬一咬牙，节衣缩食贷款买了商品房。

另一部分人更注重平时的生活质量，没买房子，把钱拿去吃

喝玩乐了。现在，一线城市的大部分商品房的单价在每平方米10万元以上，而公房成了别人嘴里的"老破小"。两者在资产数值上就会是几十倍的差异。

"种一棵树最好的时间是十年前，其次就是现在。"理财也是如此，复利最重要的因素就是：时间。十年前的你如果投入理财，即使刚开始赚得不多，但是和不理财的人相比，这中间就有了十年的收益差额，以及十年的投资能力的积累。这个时间拉得越长，差距就会越大。

2. 最好的投资，永远是投资自己

最近有两个网络热词大家肯定听过——"躺平""摆烂"，这其实是一种比较消极的心态，如果真的一直"躺平"，那马太效应的魔咒可能会一直笼罩在你身上。而我们知道，打破固有阶层最公平的方法，就是接受高等教育，实现自我深造。

我们发现疫情三年来，在职考研、报考MBA（工商管理硕士）的人数都是在增长的。这就意味着有不少人在疫情这段时间并没有闲着，而是想方设法提高自己的学历和学识，为了让自己在未来的职场竞争中更具优势。

同龄的你如果总在家中无聊地刷着抖音购物，几年下来差距显而易见。

所以，把自己当成一个投资项目，将自己的竞争力努力发展成一个优势。

投资自己，提升自己的综合素质和专业技能。当你具备一定的优势，能出色完成每个任务的时候，你会发现资源会主动向你聚拢。

3. 找到一个机会窗口，获得持续性窗口

这两个是技术投资里会用到的术语，我们也可以把这种概念沿用到广义的投资中甚至是职场中。"我看到很多人做短视频做得很好，普通人也创造出了商业价值，那我能不能也开始尝试呢？"很多人想过这个问题但就是迟迟不行动。如果你现在从最简单的朋友圈、视频号入手，是不是你就会获得自己的第一批种子用户呢？当你成为一个"小 V"后，多结识行业志同道合的朋友、参加行业培训、掌握最新玩法等等，那是不是也是一步步在往"中 V""大 V"靠拢呢？

当然，投资也一样，"我总感觉自己玩不来股票，而且容易亏钱，那我就不理财了吧"。那你是不是能从最简单的货币基金做起呢？比如定期存款，或者尝试一些基金定投产品，这样投资的空间是不是在逐渐打开呢？关键是不要惧怕失败，不要惧怕冒险，找到那个属于你的机会窗口，这或许正是你打破瓶颈的关键。

✓ 小结

- 马太效应：一种两极分化现象，即强者愈强、弱者愈弱。

- 马太效应在投资中的典型案例：A股强弱分化明显、公募基金头部品牌效应显现。

- 在股票投资中，均值回归效应是靠"基本面+信仰"，马太效应是靠"基本面+故事"。

- 马太效应的突破方法：注重原始资本的积累，不断投资自己，找到机会窗口。

相关人物

恩斯特·费尔
Ernst Fehr

瑞士苏黎世大学微观经济学和实验经济学教授、经济系主任。研究领域是人类合作和社交的演化，尤其是社会正义、相互性和有限理性。

他是神经经济学领域的创始者，这门学科通过脑成像技术观察大脑的运作方式，来增加我们对人类决策的理解。他还为核心行为经济学做出了许多贡献。

他与几位神经经济学领域的学者共同编写了《神经经济学：决策与大脑》，这是一本涵盖了近几年神经经济学领域最新、最经典研究成果的论文集。

第 15 章
心理账户：情商比智商更重要吗

> 除了真实的钱包这种实际账户外，人们的心里还存在着另一种账户，人们会把在现实中客观等价的支出或收益在心理上划分到不同的账户中。
>
> ——理查德·塞勒

从经济学的角度来看，一万块的工资、一万块的年终奖和一万块的彩票中奖并没有金额上的区别，可是普通人却对这三者做出了不同的消费决策：越是得来容易的钱，越不经用。一万元彩票奖金对中奖者而言，是意外之财，花起来游刃有余；一万元年终奖是年底公司的额外奖励，很多人会选择过年聚会、发红包用掉；而一万元工资是自己辛辛苦苦一个月的劳动成果，很多人会选择一部分存起来，另一部分用于投资和日常花销。这就是心理账户在不同场景下发生的决策偏差。

一、心理账户的概念

看到这个标题很多人可能会不解,实际账户都明白,存钱的,什么是心理账户呢?管理账户我们都知道要用脑子、智慧,那为什么要用情商来管理心理账户呢?本章我们就来逐一破解这些行为经济学的谜题。

"心理账户"的概念是诺贝尔经济学奖获得者、芝加哥大学教授理查德·塞勒提出的。这个概念的提出,很好地解释了为什么人们经常做出违背经济学规则的决策。

如果你计划6个月后为自己购置一台30万元的新车,有两种付款方式,一是现在开始每个月支付5万元,6个月后即可得到这辆新车。二是6个月后用无息贷款买下这辆新车,之后的每个月分期支付5万元,一年后还清。经过调查数据我们发现,大多数人会选择后者,也就是先体验,后付费。

另外一种情况,某人生病住院了,需要支付医药费,可能要花掉一半的积蓄。调查显示,很多病人家属会在一次性支付和分期支付中,选择一次性付清。首先他们认为这是看病救命的钱,其次是不希望后面分期的医药费一直给自己造成压力。

通过上述两个例子,大家就可以发现,面对不同的两种情境,选择付款的方式会明显不同。这就是人们心中的心理账户在发挥作用。第一种情境,人们喜欢享受新车带来愉悦体验的同时付款,债务关系和享受时间是匹配的。而第二种情境,人们对于重大的、负面的事情通常会选择一次性的方式，不愿意让悲观的情绪蔓延到自己的未来。这么解释，应该就不难理解了吧。

记得以前某保险平台推出过失业消费的贷款，这几年已经默默下架了，其实就是产品经理没有很好地了解"心理账户"这一概念。而电商平台上"以旧换新"的服务，我们认为它很好地抓住了消费者的心理需求。家里闲置的电视机、电脑，回收给商家折现，可以抵扣新买商品的部分价格。顾客有时候买东西只需要一个说服自己的理由，而"以旧换新"恰恰达到了互惠互利的效果。

多数情况下，人类在金钱的支配上，都会违背简单的经济运行规则，并且不自觉地因为感情因素而做出非理性的抉择，这就是塞勒教授所说的"享乐主义的加工"。先付款再体验要比先体验后付款更让人快乐，滞后付款造成的心理痛苦会减少快乐体验的记忆；买一堆小东西带来的快乐，要比花同样金钱买一件大物件带来的快乐更多。

二、心理账户在投资中的运用

那么，在投资中，心理账户又会怎样影响着我们的决策呢？

首先，在商业合作中，我们都喜欢大客户。一个给你100万元合同的客户和十个10万元合同的客户，你肯定会不由自主地倾向于前者。因为我们知道人际关系的维护要花费时间精力，同样的投入，我们肯定会选择性价比更优者，让自己的投入产出比更可控。那么，在股票投资中，也同样如此吗？一只股票让你赚2000元，和两只股票让你各赚1000元，你会更倾向哪种模式呢？结果表明，不少投资者认为，在某一只股上赚2000元，不如在两只个股上各赚1000元更令人有成就感。为什么呢？两只股票的胜利，他会觉得自己投资眼光更好。

其次，在组合投资中，心理账户也发挥着"无声胜有声"的作用。 投资者分散投资买了很多股票。但其实从他内心来说，对每只股票都设置了单独的账户和相应的预期。对获利的账户，习惯于频繁卖出，从而享受获利套现的快感；而对于亏损的账户，有些人喜欢放大痛苦逢人就诉苦，而另外一些人选择视而不见，报喜不报忧，不过基本都会选择忍着不割肉。这样一来，组合投资的意义就被心理账户削弱，是很不利的。

股票投资中有两种模式。一种模式为两只股票，一只股票赚了2000块钱，另外一只股票没赚钱；另外一种模式为两只股票，每只股票赚了1000块钱。你会选择哪一种模式？调查显示，大多数人会选择两只股票都是红盘的。为什么？因为感觉很愉悦，虽然赚钱总金额是一样的，但是只要其中出现绿的、亏损的时候，你心里就特别难受。

如果把不同的股票的收益放到不同的账户中，每只股票是一个单独的账户的话，就会导致投资中产生两个重要的偏差。

第一个偏差是追求每个账户都赚钱，由此导致资产组合的理念落实不下去。

所谓资产组合是各只股票的品种之间是有对冲关系的，有涨有跌，双方互相对冲之后，投资者的净收益是正的，而且趋势是向上的。如果你要求所有的股票必须同时都是赚钱的，往往意味着这些股票之间相关性太大了，一旦跌起来也一定都会跌，所以资产组合的理念没法落实到位。

第二个偏差是资产组合没落实到位。比如有一部分组合是投资科技的，有一部分组合是投资消费的，有一部分组合是投资低估值品种的，还有一部分组合是投资债券的。有人会问：为什么还是亏钱？

其实所谓投资组合，不仅仅看收益，而是把几个产品打包在一起，对所产生的最终收益和风险同时进行评估，那才是一个真正的资产组合的逻辑。如果要求所有的品种都赚钱的话，那本身就已经背离了资产组合的基本理念，这背后的原理其实就是心理账户会影响我们的投资行为，它会刻意放大你对投资回报的影响，以至于影响你对投资的判断。

最后来看看，心理账户会间接影响到股价吗？成千上万的投资者，或多或少都受着心理账户的影响，当这个雪球越滚越大时，可能会影响到股价。由于亏损的账户被搁置，会造成卖方不足，价格反而会被高估，而盈利的股票持续被卖出，价格会被压制，一段时间内就会被低估。这就是为什么当一家企业遭遇负面打击时，股价都是过山车式的下调，一部分是专业机构在主导，另一部分就是中小投资者听到风声后的火速逃离。所以反映在股价上，就会发生强者越强、弱者越弱的"内卷"现象。

以上情况都表明，心理账户是客观存在的，对我们的决策有着重大影响，有些时候会让我们做出违背传统经济学基本假设的行为。了解心理账户，目的是让我们更清楚地认识自己，考虑问题的时候可以更加理性和全面。

三、如何摆脱心理账户

意识到了问题，就要想办法去解决它。那么，怎么去摘下心里的"魔戒"呢？我们先来说个很典型的小故事。

美国前总统唐纳德·特朗普（Donald Trump）及其家族经历过多次破产。1991年，特朗普泰姬陵赌场破产；1992年，特朗普城堡、特朗普广场酒店和广场酒店三个项目同时破产；2004年，特朗普酒店赌场度假村破产；2009年，特朗普娱乐度假中心破产。破产对普通人来说是致命打击，会让人一蹶不振，但对特朗普来说，却是资本的游戏。在总统竞选中，他就特地分享了自己频繁破产的经历："我只是合理运用破产的法律保护，在资本游戏中实现了利益最大化。"利用美国法律，合理规避负债，给自己卷土重来创造更好的条件。所以，破产在特朗普的心理账户里并非失败，而是逃脱债务的明智之举。且不论他这种做法对或不对，但他确实拥有比普通人更强大的内心。

回到现实中，这个故事对我们有什么启发呢？我们普通投资者在执行一项投资决策之前，都应该给自己划定需要达成的目标，有了明确的规划后，你的思路才不会乱，也能减少不必要的操作。

把一块钱永远只当一块钱，对各种来源的钱都一视同仁。在生活中，不管是自己辛苦挣来的收入，还是通过奖金、礼金、储蓄、彩票奖金得到的钱，都要养成把一块钱永远只当一块钱来使用的习惯。千万不要区别对待，出现乱挪用的情况。在投资上不能因为是意外之财就有侥幸心理，认为可以随意投资。在购物中，更不能因为有了花呗和信用卡，就做出一些冲动消费的行为。这听起来简单，坚持做到却很难，因为对你的财富增长起不到任何帮助。只有掌握了这个规律，才能避免心理账户的影响。

亚伯拉罕·马斯洛（Abraham Maslow）的需求理论，把人类的需求从低到高分为五个层次，依次是生理需求、安全需求、社交需求、尊重需求和自我实现需求。每个阶段，人的心理账户各不相同。生理需求和安全需求对应人们处于温饱阶段；而社交需求和尊重需求则对应人们进入小康阶段；自我实现和自我超越，对应于人们处于富裕阶段的需求。在投资的过程中，我们可以把这三个阶段看作不同的心理账户，根据心理账户的重要程度，选择不同风险水平的资产组合。心理需求越基础，也就意味着财务目标重要性越高，则相应的投资组合风险水平越低。

比如说，对应温饱心理账户的资产，应重点配置稳健性的产品，如货币基金或银行储蓄。对应小康心理账户的资产，重点配置的应该是保险、混合基金，或是房产置换等，可用来抵御未来的风险。对应富裕心理账户的资产，重点配置权益类的产品，如股票或偏股型基金。

更重要的是，投资者需要针对不同心理账户设置有效的风险隔离。 不同品类的产品，心理账户分立，是投资者强大心理的保障。我们认为，心理账户也是需要随着大环境来动态调整的。比如在疫情、经济等不确定的背景下，如果你收入下降了，你肯定会拿出部分养老、投资的钱用于日常开支，而剩余用于投资的钱，你可能会更加求稳。

所以，能随着生活状态不断调整心理账户和操作，也是非常重要的。

小结

- 心理账户的影响：由于心理账户的存在，个体在做决策时往往会违背一些简单的经济运算法则，从而做出许多非理性的消费行为。
- 心理账户在投资中的运用：喜欢大客户，组合投资的谬用，间接影响股价。
- 如何摆脱心理账户：对各种来源的钱一视同仁，选择不同风险水平的资产组合，针对不同心理账户设置有效的风险隔离。

相关人物

罗伯特·J. 席勒
Robert J. Shiller

耶鲁大学经济学教授,"叙事经济学"提出者。

因资产定价实证分析领域的重要贡献,于 2013 年获得诺贝尔经济学奖。著有《非理性繁荣》《非理性繁荣与金融危机》《动物精神》《叙事经济学》等。

第16章
能力圈：边界、坚守和突破

> 任何情况都不会驱使我做出在能力圈范围以外的投资决策。
>
> ——沃伦·巴菲特

"能力圈原则"是价值投资者坚守的重要原则之一，也就是他们会围绕着自己最熟悉的领域来研究和投资。

为什么行为经济学会涉及"能力圈"呢？回顾"有限注意力"这一章节，我们知道每个人的精力和时间都是有限度的，不可能像一台机器一样，不停地往里面塞东西。所以大家会把注意力放在更重要、成功率也更高的事情上。今天我们要探讨的能力圈原则，可以理解为更深层次的解决方案。

一、能力圈的概念

价值投资的四大基石是，股权投资、安全边际、"市场先生"和能力圈。其中前三者是格雷厄姆提出的，而能力圈则是他的学生巴菲特提出的。该词多次出现在巴菲特1996年致股东的信中：投资人需要的是对你能力圈内的企业进行正确评估的能力。

关于能力圈的界定，巴菲特也给出了具体的办法。"写出自己真正了解的企业的名字，在它周围画一个圈，然后衡量这些企业的价值高低、管理优劣、出现经营困难的风险大小等方面，再排除掉那些不合格的企业。"各位读者也可以根据这个标准试着操作下，打开股票软件，看看持有的股票中，多少是你真正了解的，把它的名字写下来。并且把它们的经营状况做个考核和排序，排除掉那些出现困难的企业。再看看这个圆圈范围内的企业还剩下多少。我相信绝大多数人不会超过10个。如果你能把这10个最了解的股票摸透，你的投资收益也不会太难看。

所以说，投资和考试还是有本质的区别。考试需要把所有题目都答对，才能取得高分。而投资则是把你所了解的题目答对，就能有不错的成绩。你如果触碰了自己不熟悉的领域，不但赚不到钱，甚至可能赔上其他地方赚来的钱。

二、能力圈的边界、坚守和加固

说到这里,我们要围绕能力圈的三大要素来展开讨论。

第一是能力圈的边界。能力圈原则的意义,其实并不在于这个圈的大小,而是在于我们要清楚知道这个圈的边界。

什么是边界?

一个人在食堂吃饭的时候,他会根据自己的食量控制饮食,保证自己不会饿也不会撑。一个跳水运动员需要依据自己的能力来决定动作的难度系数,保证自己能出色完成并赢得比赛。这些都是能力的边界。所以,界定自己投资能力的边界,往往是赚钱的第一步。初始阶段,我建议大家从自己身处的行业或熟悉的行业入手,这样会对整个行业的走势更为敏感。

很多人会说,"我对投资完全不懂,就是一'小白'",那我必须告诉你的是,投资的基本常识需要学习。还有人会认为"我在投资方面没有任何优势",那你得从自身熟悉的领域和优势出发,这也是非常重要的一点。

对于巴菲特这样的投资大师来说,他也有自己的能力圈边界。我们来看他早期的投资标的:可口可乐、华盛顿邮报、喜诗糖果……这些标的有什么共同特征?它们都是巴菲特童年和青少年时期用过、吃过、喝过的事物:喝过可口可乐,吃过喜诗糖果,送过华盛顿邮报的报纸。正因为他使用过,接触过,所以对这家公司有更全面的了解。我希望大家在生活中也做个有心人，看看我们身边经常用到的事物，比如某牌子的酱油、某牌子的空调，以及打开手机我们经常用的 App 软件。因为某种程度上来说，广为人知的产品，它背后的公司整体都不会太差。反过来想一下，如果是无人问津的产品，它会有好的流量或是业绩收入吗？所以第一个结论是：在能力圈范围内做投资，就有可能超过专业的投资者。

第二是能力圈的坚守。 和界定能力圈相比，我们会发现人们坚守能力圈往往更为困难。因为你需要足够强大的毅力，来抵挡能力圈范围之外的各种诱惑。如果某只股票大涨，而恰恰那只股票并不是你熟悉的，你会如何抉择呢？不少投资者会后悔当初没有入手，后面追涨又被套牢。所以我们还是要从源头上解决这个问题，人不是每一笔钱都要赚的。在能力圈范围内，没赚到的那叫损失；在能力圈范围外，只能说那本就是不属于你的收益。

所以，对于你能力圈以外的公司，无论别人如何看好你也要选择置身事外。因为拿自己不具备的能力和别人的长处相比，你肯定不占优势。想要提高成功概率，就踏踏实实地在能力圈内发挥。

这里教大家如何更深入地了解一家公司。

从自身角度出发，把自己想象成这家公司的一把手。你会思考什么？

我的客户是谁？我的供应商是谁？

当我走出去面对客户时，我该如何介绍公司的优势？

我的竞争对手是谁？与同行相比，我的优劣势分别是什么？

未来半年，我最该解决公司的哪些问题？

如果你带着这些思考去做研究的功课，那你会比管理层更了解这家公司。

从外部渠道来看，首先肯定是多看财经新闻，订阅多家财经媒体的推送，长年累月你肯定会有所收获。其次，券商的研究报告其实很有价值，这是一群市场上最专业的人才对一个行业的研判，是有价值的，投资者多阅读、多学习肯定有帮助。最后就是这家上市公司的信息披露了。固定的年报、半年报、季度财报，非固定的重大事件、战略合作等，投资者都应当随时关注，这些都会在资本市场有所显现。

第三是能力圈的加固和扩大。 总有人问我，能力圈是一成不变的吗？我的回答是：当年坚持不投科技股的巴菲特，都重仓苹果了。你说能力圈会一直不变吗？人的投资生涯会长达数十年，数十年中国的经济发展会发生翻天覆地的变化，你的心智随着年龄增长也在不断成熟，喜欢的事物其实也在发生变化……那么投资的标的理所应当也会改变。

能力圈不是无法改变的,而改变能力圈大小和边界的,正是你的知识储备。以下几个方面,我建议各位投资者平时多下功夫,来拓展你的能力圈:

仔细摸排在你投资组合中最熟悉的股票,并且尝试更深入地研究它。比如研究这家公司的年报、季报等财务报表;查看券商的研报、行业分析报告,评级是看多还是看空等。记录好每次阅读年报的时间、观察的角度、注意的细节以及质疑的问题等。重要的是提出你不知道答案的问题,甚至问一些你无法回答或者不知道要如何得到答案的问题。

在研究透一个标的后,寻找3~5个相同类型的股票,从横向、纵向两个方向进行对比分析。在同一个行业中,竞争的环境是一致的。如果第一步研究透彻了茅台,那紧接着去研究横向的汾酒、五粮液,可能就会很好理解了。在同一个行业中,对比一些关键要素,如商业模式、成长展望、客户数量、资金分配、管理阶层与股票价格等。

纵向看同一个产业链。在汽车产业链中,如果我们把动力电池研究透了,就知道它的上游是钴镍原材料,下游是汽车企业。这时候思考电池股价能否上涨,汽车现在是什么状况,二者有没有可能贯穿?如果我们把一个产业链中最核心的领域研究透了,再以此为中心,画一个坐标轴来拓展自己能力圈,会相对简单一点。比较后你会有更直观的感受,哪个标的价格是被高估了?哪个标的的基本面更优质？如果你必须买进其中一只股票，你会怎么选择？

将你的一些想法和总结记录在本子上。记录的原因有两个，一是人们很多想法都是支离破碎的，没有完整逻辑。习惯性的记录有利于我们归纳总结自己的想法，对照前后看是否会有冲突，是否会有不理智、尚不成熟的想法。如果有，那么怎样去弥补？一直以来，记录是一个让我们审视自己的好方式。二是人类是很健忘的动物，时常会忘记自己失败的行为，只记住成功的经验。而记录，则是为了让我们客观看待自己过去的行为，去芜存菁，才能在未来取得进步。

和志趣相投的投资者讨论交流。我一直认为，开放的心态是突破自己最好的方法。故步自封的人，永远只会在原地停留。和身边的投资者多交流、多沟通，其实就是我们快速成长的学习工具。在交流过程中尽情说出自己的想法，比如你对银行业标的侃侃而谈，而其他人也可以与你分享大金融领域中的其他赛道，比如保险、券商，有哪些相同和不同之处。或是今年政府提出了稳增长的调控策略，那是不是房地产、汽车板块就会有所反弹？如果短期没有，那问题出在哪里？我们又该如何去调整投资策略呢？一旦可以保持这样讨论的热情，你将发现许多可以追寻的线索，过去未曾发现的事物会被激发出来。你只需保持专注、积极行动，这比随机、漫无目的地跟随潮流，要好上许多。

小结

- 能力圈原则是以巴菲特为代表的价值投资者坚守的重要原则之一,是他们围绕自己最熟悉的领域进行投资的一种方法。
- 不熟悉的领域别插手,专注能力圈更易成功。
- 能力圈的边界:必须从自身熟悉或擅长的领域出发。
- 能力圈的坚守:需要足够的毅力,抵挡能力圈范围之外的各种诱惑。
- 能力圈的拓展:不断去学习突破,更深层地研究。

第17章
市场先生：最好的老师

> 市场表现越愚蠢，善于捕捉机会的投资者盈利概率就越大。
>
> ——沃伦·巴菲特

2008年全球金融危机期间的股市暴跌，投资者普遍感到恐慌和不安，善于操控人心的"市场先生"引起了史无前例的"环球股灾"。如果"市场先生"没有发威，那么2008年就不会发生金融历史上的血腥事故，可见"市场先生"在股市中的影响是不可忽视的。

然而需要注意的是，"市场先生"并非无所不能，他的影响也不是绝对的。这一课将会告诉你：如何才能看清"市场先生"的真面目，跳出投资囹圄，做一个聪明理智的投资者，避免情绪化的投资行为，从而获取更好的投资回报。

一、什么是"市场先生"

"市场先生"一词最早出自巴菲特的导师、"证券分析之父"本杰明·格雷厄姆所编著的"市场先生"寓言。这个寓言对几代人的投资行为产生了深远的影响。巴菲特曾表示:"为了使自己的情绪与股票市场隔离开来,我总是将'市场先生'这则寓言故事谨记在心。"

在"市场先生"的寓言中,我们可以想象自己正在与一个名叫"市场先生"的人进行股票交易。每天,"市场先生"都会提出一个他乐意购买你的股票或将他的股票卖给你的价格。但是,"市场先生"的情绪非常不稳定,有些日子他会很快活,只看到眼前的美好,此时他就会报出很高的价格;而在其他日子,他却相当懊丧,只看到眼前的困难,报出的价格很低。

此外,"市场先生"还有一个可爱的特点:他不介意被人冷落。如果他说的话被人忽略了,他明天还会回来并提出他的新报价。因此,对我们来说,关键在于利用"市场先生"口袋中的报价,而不是他的智慧。如果"市场先生"看起来不太正常,我们可以忽视他或者利用他这个弱点。但是,如果我们完全被"市场先生"控制,后果将不堪设想。

实际上,有时"市场先生"口中股价变动只是他的一厢情愿而已,股票价格的决定因素往往是价值。价格和价值的关系,就像是你和家人一起出门散步,他有可能走在你的前面,也有可能走在你的后面，还有可能走在你的旁边，但往往不会离你太远。

那么如何衡量一只股票的内在价值呢？

答案是运用DDM公式。DDM公式也称股利贴现模型，科学运用DDM公式是估算一只股票内在价值的绝佳方法。该模型基于预期未来的股息收益来计算股票的内在价值，然后将其与当前市场价格进行比较，以确定股票是否被低估或高估。

DDM公式如下：

$$V = \frac{D_1}{(1+r)^1} + \frac{D_2}{(1+r)^2} + \frac{D_3}{(1+r)^3} + \cdots\cdots$$

通常情况下，DDM公式指向"客观价值论"，而"市场先生"则指向"主观价值论"，两者结合主导了我们对于价值的认识，也分别对应了价格理论中的"成本控制论"和"市场决定论"。客观价值论的实用性在于它指出了价格不以人的意志为转移，只是围绕本质的、客观的价值上下波动。

对于主观价值论而言，同样一只股票每个人给出的估值是不同的。当市场对股票价值达成一致的主观判断时就形成了股价，在市场情绪渲染下，"市场先生"就此横空出世。

二、谁是真正的"市场先生"

其实，真正的"市场先生"就是那些被市场情绪所感染的投资者。2015 年上半年，当 A 股行情涨到 5000 点时，许多从未接触过股票的人开始涌入股市，成为炒股军团的一员。他们被身边人炒股赚钱的事实所吸引，迅速跟风进场。然后，在追逐炒股致富梦想的同时，他们大量买入已经涨了好几倍的股票。此后，在短短半年多的时间内，A 股又跌到了 2000 多点，许多股民开始看空中国经济和上市公司前景，纷纷低价割肉离场。

但是，这些人是否意识到自己已经成了"市场先生"呢？显然，并不是所有人都有这样的认识。比如现在重仓热点股的投资者，实际上已经变得非理性了，但他们自己并没有意识到这一点。此外，还有一些戴着后视镜的投资者，经常发表马后炮式的评论，比如他们会说，"如果我重仓了新能源会赚多少钱？"但他们只是事后诸葛亮，并没有真正地将自己的金钱投入到市场中去。

总的来说，影响"市场先生"走势的关键因素，就是人们的非理性情绪。当茅台股价涨到 2600 元时，许多人大喊茅台发展前景好，股票被低估，纷纷追涨；但几个月后，当茅台股价跌到 1600 元时，这些人又开始大叫茅台发展前景暗淡，股票被高估，恐慌割肉。实际上，贵州茅台的基本面在这短短 6 个月内并没有太大变化，每天仍然生产着同样数量的酒，公司的地址和员工的薪水也没有发生任何变化。有句话说得好：不是风动，不是幡动，只是你的心在动。所以，我们应该避免被市场情绪所左右，保持理性投资，不要让自己成为真正的"市场先生"。

三、为什么市场会经常失去理性

股票市场经常失去理性的原因在于市场是由人组成的。人性的贪婪和恐慌主宰了整个市场。由于股市信息不透明，人们很容易成为乌合之众的一员。就像一节地铁上，明明车厢内的空间比较宽敞，但所有人都喜欢挤在门口，这种心态和股市里赚快钱的心态有些相似，可能贪图自己一时的便利，而不顾整体的秩序和规律。

此外，绝大多数人不清楚上市公司的未来，有没有前景、有没有市场都无法判断。在未来充满不确定性的环境下，人们很容易采取"别人怎么做，我也怎么做"的策略。行情上涨时会有更多的人加入追涨行列，行情下跌时会有更多的人进入杀跌队伍。这样就会导致行情经常性地涨过头和跌过头。这种情况在股市中不断重现，也使投资变得更加复杂和困难。

未来的不确定性加上人们的恐慌正是股市不断重现涨过头和跌过头的重要原因。

实际上，人们的未知和恐慌情绪宛如坐在一辆被卡在悬崖边、摇摇欲坠的私家车里,听着车外的风声呼啸,感受着车体的颤动,仿佛随时都会掉下悬崖,这样的状态让人无法集中精力,思维变得混乱起来,所有的判断和决策都变得模糊不清、毫无理智可言。在股市中,被如此糟糕情绪操控而引发亏损的实例不胜枚举,最有代表性的两个例子是2015年中国股市的"黑色星期五"和2017年比特币暴涨,市场大幅波动时人们无法冷静应对,做出了盲目而激进的投资行为,最终遭受了巨大的损失。

四、如何避免成为"市场先生"

"市场先生"既可以是中小散户,也可以是基金、券商等机构投资者。只要我们失去了理性和独立思考的能力,就可能变成"市场先生"。

实际上,未知和恐慌是导致我们成为"市场先生"的根本原因。尽管恐慌难以避免,但恐慌本身并不能解决问题,因为没有恐慌,人类就很难实现趋利避害。唯一能够避免我们成为"市场先生"的方法是解决未知。要做到这一点,我们需要通过努力学习和独立思考,深入了解上市公司的基本面、市场规律和投资策略,从而做出概率高的投资决策,使自己成为一个理性的投资者。

最后,让我们再来看看巴菲特是如何应对"市场先生"的。巴菲特以其卓越的投资能力而闻名,但实际上,他也是一位深谙股市博弈之道的高手。他通过博弈论的思路来看待问题，将股市的竞争格局简化到最简单的程度：一场只有他和"市场先生"两个人的博弈。局面非常简单，巴菲特要想赢，就必须想办法让"市场先生"输掉。

那么，巴菲特是如何让"市场先生"输掉的呢？他首先摸清了"市场先生"的脾气，了解到"市场先生"的情绪不稳定，会在情绪波动的时候做出很多错误的决策。这种错误是可以预见的，因为它是由"市场先生"的性格所决定的。因此，巴菲特保持冷静，等待"市场先生"犯错。他知道"市场先生"一定会犯错，所以他很有耐心地等待着，就像我们知道天气变好后飞机就会起飞，我们可以一边看书一边喝咖啡，在机场等待一样。

因此，巴菲特能够战胜"市场先生"，靠的是他洞悉"市场先生"的性格弱点。所谓"市场先生"，就是除自己之外的所有股民的总和。巴菲特洞悉了"市场先生"的弱点，实际上也就是洞悉了股民群体的弱点。

在巴菲特面前，"市场先生"就像一个漏洞百出的马戏团演员，虽然不断使出各种花招，频繁制造噱头，却无法引起观众的笑声。但"市场先生"并非蹩脚的演员，他的这些表演并非无的放矢，实际上这正是他战胜对手的手段。"市场先生"战胜对手的办法是感染。

总之，对于其他股民来说，"市场先生"的这种伎俩是非常厉害的，多数人会不自觉地受其影响，变得比"市场先生"更情绪化。这样一来，主动权就跑到了"市场先生"手里，投资者往往成了被动的接受者。

为了避免这种被"市场先生"牵着鼻子走的情况发生，投资者需要保持理性和耐心，不受市场情绪和短期利益的影响，坚持自己的投资原则和策略。同时，也需要在冷静合理的规划下，不断学习和调整自己的投资策略，深入研究企业的基本面和估值情况，寻找低估值的优质公司股票进行投资，并长期持有。只有这样，才能在股市中获得稳定和可持续的投资回报，同时也避免被"市场先生"左右的风险。

小结

- 真正的"市场先生"就是那些被市场情绪所感染的投资者。
- 对我们来说,关键在于利用"市场先生"口袋中的报价,而不是他的智慧。
- 未来的不确定性加上恐慌正是股市不断重现涨过头和跌过头的重要原因。
- 学习巴菲特的投资智慧,洞悉"市场先生"的弱点,不要被他牵着鼻子走,耐心、理性地等待他出错。
- 投资者需要保持理性和耐心,不受市场情绪和短期利益的影响,坚持自己的投资原则和策略,避免被"市场先生"所左右。

第18章
从行为经济学角度看泡沫的背后

> 泡沫就是从基本面上来看不健全的商业事业,同时往往伴随着高度的投机性,价格上涨是因为投机者不断买入并相信价格会不断上涨。
>
> ——查尔斯·P. 金德尔伯格(Charles P. Kindleberger)

2000年的"互联网泡沫"宛如电脑病毒一般，复制并感染了整个金融市场。许多投资者在这场"狂欢盛宴"中一败涂地，巨额财富和未来新经济顷刻之间化为乌有，许多企业倒闭退市，诸多投资者损失惨重。

如果把金融泡沫做一个形象的比喻，就像是看到牛奶用打泡器打出一层浮在顶上的沫，看似实物，实际上却是虚幻的、空心的。在金融市场中，"泡沫"指的是所有投资者进行买入行为，从而推高了价格。本章将探讨市场秩序和金融泡沫的问题，深入分析泡沫的成因和影响，探讨如何识别并避免泡沫风险，使自己成为理性、谨慎的投资者，从而更完善地管理自己的投资组合，抵御市场的波动和风险。

一、金融术语里的泡沫是什么

首先我们需要了解金融术语中的泡沫是什么。在 1987 年出版的《富人的尴尬》中,描述了郁金香泡沫最高峰时的情景:一株郁金香可以换取 2 马车的小麦、4 马车的黑麦、4 头牛、8 头猪、12 头羊、4 吨黄油、1000 磅的奶酪、一张床、一件衣服和一个大酒杯。这种夸张的价格反映出商品价格可能会背离其真实价值。这样的辉煌很短暂,这些郁金香在一年之后,价格下跌了 95%~99%,从高峰直接坠入深渊。

神奇的是,身处泡沫中的市场参与者为什么都像被洗脑一样执着疯狂呢?如果你问任何一个身处泡沫中的人:我们是不是身处泡沫?你得到的回答一定是否定的。这是因为泡沫的出现很难用传统经济理论和金融理论来解释,而是行为经济学关注的重点问题。泡沫有趣的地方正是在于所有身处泡沫中的人都不认为这是一个泡沫。

在历史上,荷兰出现过郁金香泡沫,英国曾经出现过南海泡沫。20 世纪 80 年代,日本也出现了严重的房地产泡沫,当时卖价一百万日元的房子后来卖价不到一万日元。但当时的日本居民、投资者和专业机构都不认为这是泡沫。

二、究竟是什么导致泡沫产生

泡沫必须是一个新事物或新经济。人们总是贪图新鲜感,对于老旧的事物兴趣不大。比如,郁金香是一种整个欧洲都没有见过的花,蒸汽机是一个改变人类经济社会进程的重大发明,互联网引领了人类生产方式和生活方式的改变,比特币是一种虚拟货币。只有新概念、新理念和新产品才有不确定性,才有炒作的空间。

泡沫的产生往往与钱有关。泡沫往往伴随着最初的稀缺、美好的幻境、口口相传的好评以及十足的流量。缺一不可,尤其是流量。小众的东西再美好,也无法掀起惊涛骇浪。只有人人争先恐后想要拥有的,才有溢价的可能。比如周杰伦演唱会的门票、排队一小时的新餐厅,总有黄牛的身影。这其实是同样的道理。

泡沫的制造往往要煽动市场的情绪,"羊群效应"心态的投资者更容易受到泡沫的影响。投资者中形成羊群效应有多种因素,主要因素有社会心理、信息不对称、群体压力、投资者的风险态度等。

不管哪一种因素,处在羊群效应闭环中的非理性的人们通常缺乏主见,也缺乏经验,是人云亦云的跟风者。如果每个人都像巴菲特一样独立思考,那么"泡沫"就很难掀起波澜。

因此,人、钱、概念这三要素的叠加,导致了泡沫的产生。

金融泡沫：人 / 钱 / 概念

三、泡沫的背后

接下来，我们将透过以下几个比较有趣的现象，来分析泡沫背后的成因，以及值得我们思考的问题。虽然这里的泡沫并非都是不好的现象，但我们需要探讨泡沫存在的原因和非理性行为的影响。例如，美国的十年牛市、一线城市的房价、A股的白马股，以及瑞幸、乐视等公司的"塌房"事件。这些现象中，市场是在抱团取暖还是在互相编故事？泡沫背后，又有多少非理性行为存在？

1. 美股十年牛市

实际上，行为经济学真正进入大众视线的时间点应该是2008年的金融危机。当时，由于传统经济学家无法从理性角度解释危机爆发的前因后果，行为经济学的一些假设和投资者的非理性行为才开始受到关注。人们开始相信,非理性行为在金融市场中是普遍存在的现象,并且往往左右着经济格局的变动。

  美国持续了十年的牛市,直到新冠肺炎疫情暴发才终结。这是否也是一种非理性繁荣呢?我们可以看到,现在美股的整体估值已经仅次于 2000 年互联网泡沫时期的最高点,而头部企业的估值水平甚至超过了当时。尽管疫情让美股市场出现 30% 的跌幅,但仅用了 1~2 个月就收复失地,甚至超过了原本的点位。

  为什么会出现这种现象?一方面,美国政府和美联储的救市政策增强了投资者的信心;另一方面,美元汇率的走强和美联储加息的信息也促使美股上涨,这些都是所谓的刚性泡沫。相比之下,A 股近年来的市场表现并不理想。除整个宏观大背景的因素外,我认为与投资者的结构也有很大关系。

  西方投资者更愿意在市场下跌时买入大量股票,说明他们的风险偏好相对较高,对后市较为看好。他们愿意更长时间地持有股票,这是上涨保持循序渐进、多年延续的原因。而 A 股投资者偏保守和悲观,更愿意享受短线套利。

  由此可见,在恐慌中很少有人会买入股票,而在贪婪时也很少有人愿意卖出股票。当一个投资周期结束时,市场可能会出现新一轮调整和下跌。

2. 一线城市的房价

  分析完股市,我们再来看看国内一线城市的房价。相比股市的波澜不惊，中国房地产市场的格局越来越分化，尤其是一线城市的房价越来越"内卷"。这背后有哪些因素呢？

表18-1 2020年、2021年及2022年上半年
各等级城市房价收入比变化幅度

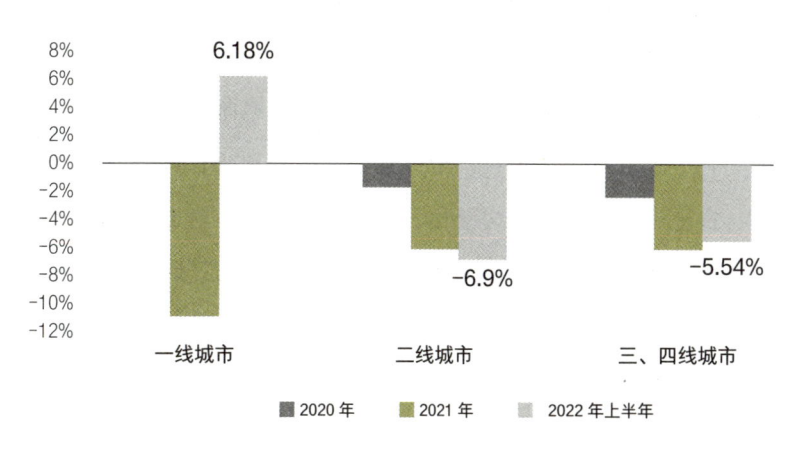

城市等级	2020年	2021年	2022年上半年
一线城市			6.18%
二线城市			−6.9%
三、四线城市			−5.54%

数据来源：各地统计局，诸葛找房数据研究中心

我们发现，房地产的泡沫存在一个很有趣的现象，经济增速放缓时，楼市往往会出现热情高涨的情绪。其中存在两个矛盾点：一是中央和地方政府之间的矛盾，尽管中央一直强调房住不炒，但地方政府仍然会采取很多刺激措施；二是供需平衡问题，核心地段的新房和二手房永远是抢手货，因为像北京、上海、深圳这样的城市，每年市中心或内环内新开的楼盘数量非常有限，远远满足不了刚需或置换的家庭的需求。

此外，还有购房者心理判断的因素。在中国人的传统理念中，房子永远是保值的。套用核心资产的概念，大家会认为，无论在什么情况下，一线城市的房价不可能下跌，而一线城市核心地段的房价更不可能下跌。

这两个原因就能说明为什么经济不好、货币流动性不宽松的情况下，炒股炒基的投资者热情减少了，但买房者的热情却依然高涨。但事实最后证明，无论多么坚硬的"泡沫"在基本面属性的变化下最终都难免崩裂。最近几年的房地产业，在政策基调严厉、资金严管、人口结构变化、需求不振等多因素带动下，持续走弱。即便是一线城市，大家的观点也开始松动，认为很难再有大涨的机会。投资者的心态总是在这种变化中不断地随之犹疑，甚至是加速逆转趋势。

3. "白马股"中的泡沫

其实，微观的标的也有非理性因素存在。我们来分析一下A股的消费股，几匹"大白马"——贵州茅台、海天味业。它们的高股价是不是非理性的？前几年分析师越是不看好，它们在股市的表现却越是创新高。

从2010年以来，茅台的股价已经从100多元的位置上涨到最高2000多元，涨幅可谓巨大。高股价已经不仅仅是投资者非理性的预期了，甚至可以夸张说是非理性的信仰。虽然我们知道茅台有着很强的护城河和良好的基本面，但是将其股价和销量曲线对比，会发现二者并不成正比。

海天味业也是如此，按照现在的估值，中国酱油行业基本上都需要以年化收益率 30% 左右的速度增长，这是非常不可思议的。

因此，在股市的"白马股"中，我们也能发现非理性的泡沫。这个泡沫的关键点，并不在于这家上市公司的资产价值，而是投资者认为它值多少钱。人们购买这只股票只有一个原因，就是认为该股票的股价会继续上涨，而不关心所谓的基本面。这也是基本面变化与价格变化发生抽离的原因。这就好比机构和中小投资者在互相给对方讲故事，看好某个标的就集体跟进，唱衰的就集体退出，导致龙头股一路高歌猛进，而一些中小股始终无人问津。或许这就是这些年 A 股难出黑马的原因所在吧！

4. 瑞幸、乐视的坠落

好的标的具有"非理性信仰"的因素。那么，爆雷退市的股票是不是因为投资者听信了他们所编造的故事？多少投资者输给了美好的假象？我们知道很多明星也是乐视股东，他们也没能幸免于难，几个亿的辛苦钱打了水漂。

瑞幸咖啡和乐视网，都经历了从风光无限到跌入深渊的过程。两者有相似之处，都是通过打着爱国的情怀——打造中国人自己的咖啡、打造中国人自己的生态，以及有着美好的、商业上有竞争力的、可闭环的故事来吸引投资者。最后，它们都被揭发造假，从高光时刻到陷入困境。这中间我们应该反思哪些问题呢？

首先，我们应该反思为什么我们会对创业者发布的数据深信不疑，包括销售数据、财务数据、流量数据等。瑞幸被爆出财务造假，而做空机构仅仅是通过每天的收据小票连号问题就发现了端倪，说明其造假的本事其实并不高明。这反映了一个事实，投资者只相信并认可自己愿意相信的故事。

其次，它们其实利用了叙事经济学中的原理。也就是说，讲述一组故事比单一故事更能打动人。乐视不仅是一个视频网站，还涉足体育、电视、造车等一系列领域，为梦想而燃烧。瑞幸也是打着新零售的旗号，推出物美价廉的"中国咖啡"，数据和营销支撑着它的发展。

但是，我想劝诫所有投资人，再美好的故事都敌不过真相，即你想要投资的这家公司目前是否盈利？账面上每年的营收是正数吗？是不是不断地在烧投资人的钱？它未来有没有赚钱的能力？那些生态布局的背后，是否在拆东墙补西墙？这些问题值得我们深思。不要盲信别人所讲述的故事，因为故事可以骗人，但财务数据却骗不了人。

所以在进行投资决策时，我们首先要学会分析和理解财务数据，注重研究公司财报，"股神"巴菲特就有一个"财报分析法"，他会仔细研究公司的净利润、现金流、资产负债表等数据，以此评估企业的盈利能力、成长性和稳健性。

此外，我们还应该关注公司的竞争优势和发展前景。一个具有强大竞争优势的企业会更容易在市场中获得优势地位，从而实现持续的盈利增长。而一个具有良好发展前景的企业，则会拥有更多的投资机会和潜在收益。

当然，我们参考的标准不限于以上维度，公司的管理层和治理结构，公司生态布局，公司商业模式等，都可以纳入到我们投资前的考量标准之中。

总之，投资是一项风险与回报并存的活动。我们需要在理性思考的基础上，全面分析和评估投资对象的各种因素，不要被华丽和曲折的故事所迷惑，而是要通过数据和事实来判断企业的实力和发展前景，从而做出明智的投资决策。

小结

- 在金融市场中,"泡沫"指的是所有投资者进行买入行为,从而推高了价格。
- 泡沫有趣的地方在于所有身处泡沫中的人都不认为这是一个泡沫。
- 人、钱、概念这三要素的叠加,导致了泡沫的产生。
- 美国的十年牛市、一线城市的房价、A股的白马股,以及瑞幸、乐视等公司的"塌房"事件,背后存在非理性行为和因素,正是这些行为和因素制造出了非理性泡沫。
- 投资是一项风险与回报并存的活动,不要被华丽和曲折的故事所迷惑,要通过数据和事实来判断企业的实力和发展前景,从而做出明智的投资决策。

相关人物

查尔斯·P. 金德尔伯格
Charles P. Kindleberger

查尔斯·P. 金德尔伯格，曾获哥伦比亚大学博士学位，是麻省理工学院经济系资深教授，国际货币问题专家。他擅长从历史角度研究经济问题，著书立说，影响深远，他是第二次世界大战后"马歇尔计划"的主要构建者之一，也是国际政治经济学和国际关系学的霸权稳定理论奠基者之一。

金德尔伯格发表了多部重要著作，包括《国际经济学》《西欧金融史》《疯狂、惊恐和崩溃：金融危机史》《国际短期资本移动》等。他最主要的理论贡献是关于经济危机的研究。他认为经济危机是由于市场失灵和政府干预不足所导致的，并指出 20 世纪 30 年代世界经济大萧条的根本原因在于国际公共产品的缺失。他提出了"金德尔伯格模型"，也称"金德尔伯格陷阱"，这个模型描述了金融危机爆发的情况和影响。他的理念引起学术界和媒体的广泛关注，先后被诸多资深学者和专家引用借鉴，对金融理论和社会发展产生了深远影响。

总之，查尔斯·P. 金德尔伯格是一位杰出的经济学家，他的研究和思想不仅推动了经济学的发展，也对全球经济和政治的走向提供了重要的参考和支持，扫清了人们对于宏观经济学和自由贸易的认知障碍，为人们更好地理解和应对现代经济社会中的挑战和机遇提供了重要的思路和指导。

第四部分

行为经济学的前沿启示

第 19 章
相对论的真相：人们总是爱比较

> 把你的手放在滚热的炉子上一分钟，感觉起来像一小时。坐在一个漂亮姑娘身边整整一小时，感觉起来像一分钟。这就是相对论。
>
> ——阿尔伯特·爱因斯坦

> 看看下面两张图，你觉得哪个绿色图形更亮？

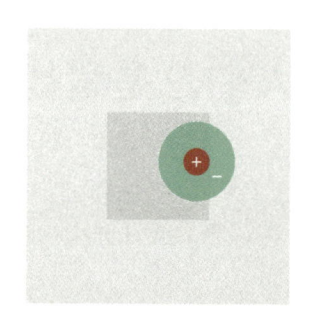

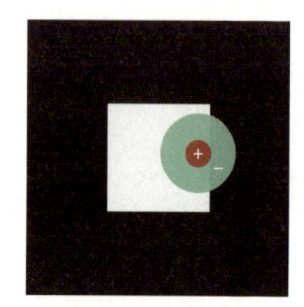

答案是：一样亮。只是右边的图形放置在了深色背景上，对比更强烈，所以让人产生了更亮一点的错觉。这就是我们这一章要谈论的话题：比较。

我们在做决策的时候，其实也在不自觉地做比较。和商品比，和别人比，也和过去的自己比。买东西时的"货比三家"、学生时代贴在教室墙面的成绩排名表、酒过三巡后提起自己当年的往事，都是生活中常见的比较。

"比较"有积极的效果：为自己建立一个坐标系，或是提供一个参考值。人只有在特定的环境下，才知道自己想要什么，不想要什么。我们通过比较去确定好坏，比较也能让我们更好地确定事物之间的关系。

　　但是很多因素会影响我们的判断，比如我们先入为主的"锚定点"，我们无法突破的能力圈，我们可能会掉入沉没成本的陷阱，这些都会影响我们的决策。在本章中，我们可以看到很多有趣的"比较"，通过分析案例，拨开"比较"的迷雾，打破相对论的怪圈，借助"比较"的力量提升自己，持续进行自我进化。

一、生活中的"比较"

先看看一个音乐领域的例子,关于一张专辑和一首单曲的售价问题。一张专辑一般有 10 首左右的歌曲,十年前,歌手们喜欢出专辑,一张专辑售价 40 元到 50 元,与此对应的是专辑的销量以及销售额。如今是数字音乐时代,我们发现歌手们从发行专辑改为发行单曲,一首歌售价 5 元、10 元,不仅发行频率更快,歌曲的销量还增加了。一位歌手在发行完 10 首歌曲后,还能集合起来出一个实体专辑,再卖一轮给粉丝们作为纪念。所以,数字单曲 + 实物版的专辑,达到了"1 + 1 > 2"的效果,人们在不知不觉中其实花了双倍的钱。

再举一个生活中常见的例子。一些我们经常会去打卡的地方,比如健身房、游泳池、餐厅等,消费几次以后可能会买年卡或会员卡,似乎这样能更加优惠。但奇怪的是,大多数人在买了会员卡后,去的次数反而少了,并没有像计划中一样好好利用,反而造成了浪费。

这两个例子说明了什么问题?我们对商品的价值没有一个绝对的概念,大部分情况都是通过比较、通过参照物,来衡量自己是赚了还是亏了。而当我们真正完全拥有一样物品的时候,它的价值又会骤减。这就是价格的相对论。

商家把价格的相对论应用到商品销售策略中,成功诱惑消费者跳进相对论的圈套。

罗伯特·B.西奥迪尼（Robert B. Cialdini）在他所著的《影响力》里提到了一个商家的相对论骗局，这是有关希德和哈利两兄弟的故事：两兄弟在美国经营一家服装店，希德负责销售，哈利负责裁剪。每当希德发现站在镜子前的顾客很喜欢一套西服时，他就会假装有点耳聋。在顾客询问价格时，希德就对他的兄弟喊："哈利，这套西服多少钱？"哈利就从他的裁剪台上抬起头，回答说："这套漂亮的棉质西服42美元。"希德听完后向他的顾客说："他说22美元。"那位顾客听到后就赶紧将22美元放到桌上，抢在可怜的希德发现"错误"之前，带着昂贵的衣服匆匆离去，心里觉得自己赚翻了。

除了用降价、打折、促销这些手段"欺骗"消费者，让其以为自己赚了，商家还会用到价格相对论的升级版：诱饵效应。所谓的诱饵效应，就是在销售一个产品时，可先放出一个中等诱饵，当顾客对它不甚满意的时候，再放出水平较高的诱饵，那就很容易被顾客相中，提高了中标率。例如，电子版《经济学人》售价59美元，印刷版125美元。没有意外，两者销售都不太好。后经高人点拨，推出了印刷加电子版125美元的第三个选择，结果销量大增。

事实上，世间万物都离不开"比较"二字。

二、行为经济学中的"比较"

"比较"的科学原理，除了进化理论和大脑机制，还有行为经济学。在这个领域，丹尼尔·卡尼曼和阿莫斯·特沃斯基做出巨大贡献，共同出版了《选择、价值与决策》，通过各个阶段与主题相关的代表性文献，构建了行为经济学决策理论的一个完整知识框架，帮助你准确了解行为经济学。他们一个是心理学家，一个是数学家，可谓珠联璧合。

回顾整本书，你不难发现，行为经济学的主要关键词，几乎都与"比较"有关。行为经济学家们发现人是非理性的，而且这种非理性成群结队，是可以被整体观察和计算出来的。

比如代表性偏差，我们会对明星基金经理情有独钟；我们喜欢买入所谓利润高的上市公司……用小数定律代替了大数定律，就是人们总是主观过度关注事件的某个特征，而忽略了大局。

比如羊群效应，中国人的骨子里追崇中庸之道，喜欢随波逐流，不爱特立独行。所以我们总是喜欢比较别人的所作所为，再来选择自己的行为。

再比如以小博大，我们总想着一夜暴富，希望用10元买的彩票，能换来几千万元的收益。我们也在分析投资中什么是西瓜，什么是芝麻，怎么去选择和舍弃，却忽略了投资和赌博其实是有天壤之别的两件事。

还有损失厌恶也是如此，失去1单位和得到1单位，在我们心中的感受是截然不同的，赚到的钱似乎理所应当，而输掉的钱就痛心疾首，这就是非理性的比较在作祟。

一方面，人们喜欢通过财富的变化去追求冒险的刺激，同时又担心风险带来的利益损失；另一方面，人们对比较的感知和计算并不高明，尤其是在涉及通过比较两者来判定事物的得失方面。

有个很简单的例子，人们先把手放在冷水里，再把手放到20摄氏度的水里就会感到温暖。如果先把手浸泡在热水当中，再把手放到20摄氏度的水中却会感到凉快。

这就是"相对"的概念。在相对的概念中，我们发现人们的感知也并不理性。面对比较，我们没必要让自己成为一个冰冷的机器人，而是要让行为和情绪混合，去实现整体满意的效果。

三、将"比较"变成进化

比较并不是一件坏事，不管在工作还是生活中，只有学会恰当地比较才会取得进步。概括而言，完善的比较体系由三部分组成：

着眼宏观。从宏观的角度来说，我们必须要选择长期固定的比较对象。比较对象可以是你的朋友，也可以是你的老师。这会让你工作的目标感更为明确，也能有同期的参照物。比如中国最早的互联网三巨头 BAT（百度、阿里、腾讯），大家都喜欢把它们放在一起讨论。比较什么呢？无非是市值、收入和流量。这些年通过比较发现，百度市值明显掉队了，阿里的发展更偏消费和金融，而腾讯的王牌则是社交和游戏。

再以特斯拉为例，如果把传统车企作为比较对象，那么就算把全行业的利润都拿出来，也支撑不了它这么高的估值。但如果是以新能源和出行市场领域来看，特斯拉则拉满了想象空间。宁德时代也是如此，依托新能源、碳中和的概念，一路成为"宁王"。我认为，突破比较的对象至关重要。

着手落地。宏观上具有了战略眼光，微观上需要落地执行。知道怎么做不难，但知道怎么落地却不容易。在股票市场中我们不需要时时刻刻关注 K 线；在人生的跑道上也是一样，过度频繁地比较，只会让你变成一只"惊弓之鸟"，收获一堆复杂的情绪。

我认为，人要去适应生活中所谓的波动。这种波动就是必然性中的偶然性。我们人生中的能力、机遇和收获有时候不一定成正比。不同时期中，我们可能会因为投机而大赚一笔，也有可能因为倒霉而功亏一篑。因为波动不仅是股市的常态，也是人生的常态。《聪明的投资者》中讲到：从根本上讲，波动对真正的投资者只有一个重要意义，即当价格大幅下跌后，给投资者买入的机会，反之则相反。

迭代与进化。之前说过，很多比较的目的是学习和反思，那么实现自我迭代并使之成为一种进化机制，才是比较的最终目的。这样一来，就不用总拿身边最好的人和事去折磨自己，而是专注于自我的进化：和学生时代的自己比，看看自己在经验和规划上有哪些进步；和初入职场时的自己比，看看自己哪方面更老练了，通过小步快跑，快速迭代。

从以上三点看，在"比较"的体系中，就是要短线和牛人比，长期和自己比，才能形成一个飞轮运转的进化机制。

查尔斯·汉迪（Charles Handy）曾经说过，现代人的贫困来自邻居的眼光。相对论帮助我们在生活中做各种决定，但也能使我们痛苦无比。当我们把生活中的运气与别人相比时，就产生了嫉妒和羡慕。

研究证明，最幸福的人并不在个人收入最高的国家里。可是我们还是拼命地争取高工资，这在很大程度上就是出于嫉妒。

在关于超级富豪的纪录片中，你会发现即便如此富有，他们仍然无法摆脱比较的痛苦，反而越陷越深，只是把比较的标的从普通的车房变成了私人飞机和游艇而已。

我们有时能控制我们比较的范围，可以转向能提高我们相对幸福指数的圈子。比如在同学聚会时，我们可以离开"高薪"的圈子，去聊聊诗情画意的生活。如果我们想买新房或新车，用预算来限定选择，而不是用选择来增加预算。

著名的"排行与约会"网站的创办人之一詹姆斯·洪（James Hong）就是这么做的。丹·艾瑞里（Dan Ariely）在《怪诞行为学》中讲述了这个例子。詹姆斯已经非常富有，但在他的圈子里富人比比皆是，其中贝宝网站的创始人就是他的朋友。詹姆斯懂得如何把自己生活中的比较圈子划得小一些，而不是大一些。他从卖掉自己的保时捷跑车，换一辆丰田普锐斯做起。

"我不想过开保时捷的生活，"他对《纽约时报》记者说，"因为你有了保时捷718，还会想保时捷911，那些开保时捷911的想什么呢？他们还想着法拉利。"

人心不足蛇吞象，一味地比较和攀比只会扰乱我们的生活，唯一的解决方法是让比较变成我们不断提升自我的标尺，而不是加深内耗的枷锁。

小结

- 我们对商品价值没有绝对概念，大部分情况都是通过比较、通过参照物，来衡量自己是赚了还是亏了。而当我们真正完全拥有一样物品的时候，它的价值又会骤减。

- 诱饵效应就是在销售一个产品时，先放出一个中等诱饵，当顾客对它不甚满意的时候，再放出水平较高的诱饵，那就很容易被顾客相中，从而提高了中标率。

- 行为经济学家们发现人是非理性的，而且这种非理性成群结队，是可以被整体观察和计算出来的。

- 面对比较，我们没必要让自己成为一个冰冷的机器人，而是要让行为和情绪混合，去实现整体满意的效果。

- 在"比较"的体系中，就是要短线和牛人比，长期和自己比，才能形成一个飞轮运转的进化机制。

- 我们有时能控制我们比较的范围，可以转向能提高我们相对幸福指数的圈子。

相关人物

丹·艾瑞里
Dan Ariely

丹·艾瑞里,麻省理工学院斯隆管理学院教授,杜克大学心理学和行为经济学教授,杜克大学前瞻研究中心创办人。他是行为经济学领域中十分活跃的国际知名学者。艾瑞里在发表学术论文之余,还出版了《怪诞行为学》系列的畅销书。

丹·艾瑞里的人生具有传奇色彩,他经历过一场爆炸意外,全身皮肤 70% 灼伤,住在烧伤病房达三年之久。身穿治疗用黑色弹性紧身衣、头戴面罩的他,自嘲为"蜘蛛侠"。但恰恰是在这段漫长、无聊而又痛苦不堪的岁月里,那套奇异的"蜘蛛侠"服装拉开了他与外界的距离,使他可以以局外人的眼光重新看待身边的世界,从此有了探索人类行为与经济关系的兴趣。最终,他成为了一名著名的行为经济学家。

在《怪诞行为学》中,丹·艾瑞里将心理学引入经济学的研究,用实验的方法彻底颠覆了主流经济学的"经济人"观,告诉我们非理性是人类的本能,是主宰人类行为和决策的隐形力量;非理性不是杂乱无章的,而是可以预测和把握的。针对非理性如何影响我们的日常生活和公共政策,并导致 2008 年金融危机,作者从行为经济学的角度出发,提出了自己独到的见解。告诉我们如何运用"可预测的非理性"提高日常生活的幸福指数,制订出不被当前经济危机影响的计划。

第 20 章
遗传和环境的博弈

> 天才是百分之一的灵感,加上百分之九十九的汗水。
>
> ——爱迪生

一个人能否成功，到底是遗传决定，还是后天环境决定？俗语说，龙生龙，凤生凤，老鼠生的儿子会打洞。但又有一句古话说，龙生九子，各有不同。遗传和环境两种因素的博弈，是发展心理学中重要的课题之一，和行为经济学有密不可分的关系。

行为经济学是一门跨学科的新兴领域，综合了经济学、心理学以及生物学等诸多学科。这一章就涉及了行为经济学中"生物学"的部分。如果你仔细观察自己和身边人的行为决策就会发现，它与生物进化、遗传基因和成长环境等，都有着千丝万缕的关系。

其实在人类发展的过程中，遗传与环境的作用从来都是不可分割的。遗传提供了生理上的基础，而环境提供了发展的空间。许多证据可以说明二者之间的相互影响。那么首先要讨论的话题就是，怎么理解遗传决定论以及环境决定论？

一、遗传决定论

遗传决定论最早由英国科学家弗朗西斯·高尔顿（Francis Galton）提出，后来被美国一些心理学家继承。不得不承认，遗传对于人的先天条件有着不可替代的作用。

人的智力80%取决于遗传，17%取决于训练，3%取决于偶然因素。对大量双胞胎的研究发现，遗传因素越接近，其智力水平也越相近。

所以当我们翻看名人族谱时就会发现，与普通人相比，如果父辈是伟人，那么子孙成为伟人的可能性也较大。

比如，在政治家里，老布什、小布什都是美国总统。安倍和他的父亲，也都对日本政坛影响深远。曹操、曹丕、曹植，都是上得了厅堂、下得了战场的人物。甚至你会发现艺术家、作家、运动员、演员的族谱上，多多少少都能看到遗传的因素。

《论语》提出"唯上智与下愚不移"，意思是指只有上等的聪明人与下等的愚笨的人是不可改变性情的；《中庸》提出"生而知之"，意思是指人在出生以前就具备了一切知识。这些观点都强调遗传等内部因素对人的发展的影响。

因此许多专家认为，心理发展的生物前提和自然条件是遗传素质。基因决定了我们一生的轨迹，决定了我们遇事做出的判断、处理的能力以及能达到的高度。

二、环境决定论

当然，还有一部分人并不相信遗传决定论。

比如美国行为主义心理学家约翰·华生（John Broadus Watson）。他曾经有过一个很激进的想法："给我一打健康的婴儿，不管他们祖先的状况如何，我可以任意把他们培养成从领袖到小偷等各种类型的人。"约翰·洛克也坚持外在环境塑造论，认为"幼小的孩子是一张白纸，外在社会可以随意在上面书写"。

我们也可以从一些戏剧中发现教育与环境的作用，韩剧《蓝色生死恋》中把一对兄妹分别放到一个富人家庭和一个穷人家庭，一个接受过高等教育，而另一个只能打工维持生计。二十年之后你就会发现，两者的差距显著。

在现实中的调查结果也许更有说服力。中国青少年研究中心少年儿童研究所在1995年进行了"杰出青年的童年与教育"重大课题研究，共调查了400人，全部是杰出青年，他们是近几年以来省级以上的模范人物或在某专业领域内贡献突出者，年龄一般在45岁以下。

这项研究中最引人注目的是这些人才的家庭和遗传情况，真正依靠遗传和家庭获取成功的只占极小比例。

首先是这些人才的父母的文化程度都较低。对杰出青年父亲文化程度的调查表明，不识字占9%，小学文化程度占38%，初中文化程度占21%，高中、中专文化程度占13%，大专、大学及以上文化程度占19%。如果以大专划线，绝大多数人的父亲（81%）只有初等文化，甚至几近一半是文盲和小学文化（47%）。这说明文化和智力这样的遗传因素在这些杰出青年成长和成才的过程中并不是主要的因素，而是次要的。

由此可见，遗传对不同环境的个体来说，就显得不那么重要了，似乎一切个体的成形都是环境的刺激所使然。

那么，你是偏向遗传决定论还是环境决定论呢？

三、遗传和环境，共同决定且相互作用

其实，遗传与环境对心理发展的作用并不是孤立的。人们的智力、心理发展是由遗传和环境因素共同决定的，两者是相互依存、相互渗透的关系。

遗传是先天因素，而环境是后天的外在因素，那么对于我们个体来说，怎么才能打破这种宿命论的观念呢？

1. 成熟与学习

我们在成熟和学习这两个因素中，更强调成熟的作用。美国著名心理学家阿诺德·格塞尔（Arnold Lucius Gesell）以其著名的"双生子爬楼梯"实验来论证自己的观点。他让双胞胎中的一个从出生后第48周起每天爬十分钟楼梯，连续六周，而让另一个从

出生后第53周起开始同样的爬楼梯训练。两周以后，后者爬楼梯的水平就赶上了前者。格塞尔认为，这一实验充分说明"成熟"（身体或心智等方面）有着更重要的作用。

反过来推导，很多时候"笨鸟先飞"并不一定是万能的。无论是工作还是教育，都应该尊重个体的实际水平。在他尚未成熟之前，不要违背其发展的内在"时间表"。

在电视剧《小舍得》中，妈妈田雨岚望子成龙心切，把孩子的时间排得满满当当，不断施加压力想让孩子超前学习、拔高成绩，甚至用自扇巴掌的方式逼迫孩子。最终，11岁的颜子悠精神崩溃，分裂出第二人格，在考场上撕碎了考卷跑出了考场。

人为地通过训练加速孩子的发展，刻意去揠苗助长，只会将人置于失败的压力之下，甚至养成遇事紧张、不敢冒险的个性，乃至崩溃、抑郁。

2. 简单、高级的心理机能

如果要区分遗传和环境对人类的影响，我认为可以分成两类，一类是在发展的低级阶段，另一类是在发展的高级阶段。像感知、动作、说话、习惯等初级心理机能，一般受遗传和成熟的制约性较大，遗传的只是简单的生理反射动作。而较复杂的高级心理机能，如抽象思维能力、道德、情感等，则更多地受环境、教育和学习能力的制约。

这也就意味着，我们可以试图通过后天努力去改变复杂高级的心理机能，这会比改变初级的要容易得多。原因就在于复杂的心理机能是社会文明发展的产物，人的所有心理特性都是外部因素不断内化的结果。比如人们会压抑自己的情感，会受到道德的制约，会有发散性的想象能力，等等。

3. 知行合一

最后一点，我们不妨跳出遗传和环境的博弈来看。因为遗传属于天生无法改变的，成长环境也属于过去既定的事实，而我们从自身出发，该找什么作为着力点呢？

我们在行为经济学中经常会提到，人会做出种种非理性的决策。很多时候，从想法到实践，根本是两件事。其实一个人最好的修行，就是做到知行合一。"知"决定了对事物的看法，是基础，是前提；"行"是执行落地的方法，是重点、是关键，必须以知促行、以行促知。

实践中才能出真知，实践中才能查缺补漏、积累经验、不断完善。单单有想法是不够的，还要在实践中不断去证明自己的想法，并在实践中不断完善。

小结

- 基因决定了我们一生的轨迹,决定了我们遇事做出的判断、处理的能力以及能达到的高度。
- 人们的智力、心理发展是由遗传和环境因素共同决定的,两者是相互依存、相互渗透的关系。
- 无论是工作还是教育,都应该尊重个体的实际情况。在他尚未成熟之前,不要违背其发展的内在"时间表"。
- 感知、动作、说话、习惯等初级心理机能,一般受遗传和成熟的制约性较大,遗传的只是简单的生理反射动作。而较复杂的高级心理机能,如抽象思维能力、道德、情感等,则更多地受环境、教育和学习能力的制约。
- 实践中才能出真知,实践中才能查缺补漏、累积经验、不断完善。

相关人物

纳瓦·阿什拉夫
Nava Ashraf

英国伦敦政治经济学院经济学教授,马歇尔研究室主任。

阿什拉夫研究如何将行为经济学应用于国际发展和家庭问题中。她的研究涉及大量发展中国家,包括肯尼亚、赞比亚、南非、菲律宾和萨尔瓦多,其中一些研究成果如下:

在赞比亚传统社会中,承诺或时间约束的储蓄账户对男性比对女性更有吸引力。

丈夫和妻子对家庭收入的贡献,取决于配偶中哪一方控制储蓄和消费,以及家庭收入的信息是共享的还是私密的。

在双曲线贴现(hyperbolic discounting)基础上提高利率,可以提高储蓄率。